LE TRÈFLE BLANC

DU MÊME AUTEUR

Premiers Poèmes .... 1 vol.
Poèmes .... 1 vol.
Les Jeux rustiques et divins .... 1 vol.
La Canne de Jaspe .... 1 vol.
Le Bosquet de Psyché .... 1 plq.

HENRI DE RÉGNIER

Le Trèfle Blanc

PARIS
SOCIÉTÉ DV MERCVRE DE FRANCE
XV, RVE DE L'ÉCHAVDÉ-SAINT-GERMAIN, XV

M DCCC XCIX

2

Il a été tiré de cet ouvrage :

Cinq exemplaires sur japon numérotés de 1 à 5 et quinze exemplaires sur hollande, numérotés de 6 à 20

Justification du tirage

JOURS HEUREUX

A Bernard Metman.

J'ai toujours aimé et j'aime encore les promenades solitaires. Aucune ville, presque, qui n'ait ses rues silencieuses et peu fréquentées. Je les préfère aux autres. L'herbe y croît entre les pavés et y verdoie au cailloutis des trottoirs que longent des façades discrètes ou que suivent des hauts murs de jardins. J'aime cette uniformité; sa monotonie rend les pensées plus diverses. Tous ces murs se ressemblent, murs du couvent, murs de l'évêché, mur de l'hôpital, mur du collège, mur du parc avec une petite porte fermée au bas de laquelle poussent des orties, mur

2.

du cimetière que dépassent les pointes inégales des cyprès.

Le cimetière de P... est situé non loin du faubourg, un peu à l'écart. On y monte par une route caillouteuse, et de là on domine le paysage de la ville et des campagnes. Elles sont agréablement vertes, herbeuses et cultivées. Champs et prairies y alternent. Un long canal les coupe; des peupliers bordent son eau lisse. Une rivière y sinue; des saules accompagnent son onde plus vive. Elle se sépare en deux bras qui se rejoignent après avoir, sur un double pont, traversé la petite cité tranquille. Quelques-unes de ses maisons sont assez anciennes pour dater de l'époque où fut construit le vaste bâtiment qui sert de collège et de presbytère et dont la façade montre ses hautes fenêtres à balcons de demeure jadis abbatiale et qui touche à l'église. Alentour, la ville se groupe et se divise On distingue le lacet des rues, l'étendue des places, l'enclos vert d'un couvent, et les quinconces d'un mail. Notre maison s'entrouvait proche. Elle était très vieille et assez délabrée, couverte en tuiles. L'acquéreur aura dû les remplacer, rafraîchir les peintures, refaire les plafonds, rajuster les carrelages disjoints, mais j'en garde un souvenir exact et je la revois toujours telle qu'en ces mois de ma septième année où j'en habitai la provinciale désuétude.

Ce petit temps de ma vie est resté singulièrement présent à ma mémoire et je le ressens encore d'une façon toute particulière. Il est comme en suspens en moi-même; il y forme un tout indissoluble. Je le repense sans y rien changer et je me borne à m'y expliquer certaines choses ou certains faits dont je n'ai compris le sens qu'ensuite, mais dont j'ai conservé au fond de moi la sensation intime, vivante et définitive.

*

Notre maison avait deux issues. L'une sur la grande place, l'autre sur un mail qu'on appelait le Cours. Une sorte de portail de pierre encadrait une porte cochère où une autre plus petite s'ouvrait. C'est là que nous déposa l'omnibus.

L'aurore était venue pendant que le train roulait à travers la campagne pâle, aux arrêts à de petites gares de brique où l'on entendait, à l'auberge proche, chanter un coq matinal. Nous avions senti la fraîcheur humide sur nos faces poussiéreuses. Quoique de grand matin, on nous attendait. Ma grand'mère et mes tantes m'embrassèrent. Ma tante Marceline me prit par la main. Elle était jeune et me plut dès l'abord. Ma tante Julie me parut grande, grande...

Nous entrâmes dans une cour sablée. Quelques poules se levèrent qui se tenaient accouvées; d'autres grattaient de l'ongle ou picoraient du bec. Il y en avait de tachetées de noir ou de blanc. Certaines luisaient lisses, certaines se boursouflaient, maigres sur leurs pattes écailleuses, obèses sur leurs jambes guêtrées de plumes. Un grand coq paradait au milieu d'elles de la gorge et de l'ergot, pompeux et botté. Sa crête rouge oscillait ; il était peinturluré et populaire, comme figuré naïvement au fond de quelque assiette de faïence vernissée. Trois pigeons s'envolèrent.

A droite se voyait la bâtisse du poulailler avec ses grillages où remuaient doucement des duvets accrochés ; des écuelles de terre gardaient de l'eau trouble. Le petit toit inclinait ses tuiles rougeâtres.

A gauche, un mur blanc. Des piliers de bois y soutenaient une sorte de galerie où montait une vigne qui s'enlaçait à la rampe de fer et formait berceau au-dessus. Cette galerie venait jusqu'à la maison, en balcon devant les fenêtres du premier étage. Au rez-de-chaussée, la porte d'une remise et celle de la cuisine.

Une odeur matinale de pain frais et de café l'emplissait. Les grosses solives du plafond s'entre-croisaient. Les casseroles de cuivre luisaient au-dessus d'un buffet bas en bois ciré. Deux grandes bassinoires, l'une rouge et l'autre jaune, brillaient à la muraille. Dans la haute cheminée fumait, à une crémaillère, un chaudron de fonte. C'était sombre et saur. Une vieille femme assise plumait un poulet.

En passant par le vestibule, je me haussai pour accrocher mon chapeau à un des champignons de bois gris où pendaient des pèlerines, un châle de laine et d'autres nippes et, n'ayant pu y réussir, j'en coiffai une des boules de cuivre qui ornaient le bas de la rampe d'escalier. On se voyait dans sa rondeur polie avec une figure aplatie, déformée et comique. Tout de suite je m'intéressai vivement à cette découverte qui me promettait plus d'une joie.

Les enfants ont une singulière entente des lieux. Dans une maison, rien n'est à leur usage et à leur taille, aussi s'y composent-ils une demeure particulière et à leur choix, faite des objets, des endroits et des êtres qui leur conviennent. Ils s'approprient certains coins, adoptent tel meuble, préfèrent telle personne dont ils ont reconnu l'utilité et l'agrément. Choix mystérieux que dicte un sens secret et contre lequel lutte d'ordinaire la sagesse familiale. De là vient peut-être en partie aux enfants le désir d'être seuls, hors de la contradiction que leur imposent les présences aînées.

Assis, les jambes pendantes, sur une des chaises de paille de la salle à manger, je regardais mes tantes me beurrer des tartines. Les bols fumaient doucement. Une petite mouche marchait sur le beurre, elle s'envola et je la suivis des yeux au plafond où elle se posa, aux murs qu'elle frôlait de ses ailes légères. Ils étaient peints de marbrures jaunes et vertes ; dans une niche, un poêle de faïence blanche dressait son tuyau surmonté d'un madrépore; un baromètre doré pendait entre les deux fenêtres; des demi-rideaux en mousseline voilaient les carreaux du bas; au-dessus, à travers la transparence verdâtre des vitres, j'apercevais les maisons de la place, les toits, le ciel où des hirondelles se poursuivaient et je me sentais une grande envie de dormir. J'entendais des pas dans le vestibule, lourds pas, déchaussés et mats. On montait nos malles. Ma tante Marceline roulait des boulettes de mie de pain sur la nappe et je distinguais entre ma grand'mère et ma mère les mots de — crise inquiétante, — état grave, — le médecin dit — ah! c'est bien triste! — il dort encore — et il me semblait entrer dans quelque chose de mystérieux dont on ne parlait qu'à voix basse et qui nécessitait des précautions, du chuchotement, des pas discrets et des portes doucement fermées.

*

Ce fut les yeux encore gros du sommeil de la sieste que j'entrai au salon où se tenait mon grand-père. Il était assis dans un fauteuil d'acajou garni d'un velours d'Utrecht jaune, en habit marron foncé à gros boutons de corne. Sa barbe grise couvrait ses joues osseuses, d'épais sourcils noirs surmontaient ses yeux. L'air dur et bon, il m'embrassa tendrement. On me plaça près de lui sur une petite chaise et je me mis à l'examiner avec curiosité.

C'était donc pour venir voir ce vieux monsieur qu'on avait voyagé si longtemps et que j'avais quitté mes plus beaux jouets, mes soldats de plomb et mon bateau à voiles ! Qu'avait-il donc qui nécessitât de pareils sacrifices? Il me semblait un vieux monsieur comme les autres, mais que je savais malade, et je comprenais vaguement qu'il devait à cette qualité son importance exceptionnelle. Mais en quoi consistait cette maladie ? Je le voyais assis dans un fauteuil, vêtu, peigné. Si je l'avais trouvé au lit avec quelque trace plus apparente de sa souffrance, je me serais expliqué plus facilement l'intérêt qu'il excitait ; mais cette situation de malade qui ne se marquait par rien d'extérieur ni de trop visible me déconcertait singulièrement, et je ressentais pour elle une sorte de respect anxieux et de curiosité attentive.

Je continuais à le considérer sans rien dire. Ses mains surtout me préoccupaient vivement. De grosses veines bleuâtres les gonflaient, des touffes de poils gris poussaient aux phalanges noueuses. L'infirmité qui ankylosait le corps entier les épargnait et je les suivais déployant le large mouchoir qu'elles cherchaient caché entre les coussins du fauteuil, ouvrant une tabatière, y puisant la prise, ou, fréquemment, se croisant au sommet d'une canne. Cette canne me paraissait admirable. C'était un gros bâton sculpté, à sa poignée, d'un lézard. La bête semblait vivre ; sous la caresse des doigts elle paraissait animée, et je m'attendais à la voir s'échapper et courir en frétillant sur le parquet.

Je ne comprenais guère ce que cette grossière sculpture avait de touchant en sa mélancolie entre les mains oisives du vieillard qui, amateur passionné de jardinage et de fruits, voulait, en son impotence, que la bête familière des vieux murs et des espaliers lui rappelât un peu ce que, de la nature, il avait le plus aimé, fût comme une allusion à un goût rustique, et fît de cette canne une sorte de sceptre de quelque humble royauté maraîchère...

La journée passait, chaude et lourde. On ouvrit la fenêtre et on écarta les persiennes. Je m'ennuyais. J'entendais dans la rue, sur la place, crier des gamins et parfois, au milieu d'un silence, grand-père frapper de l'ongle sur sa tabatière d'agate.

*

Le surlendemain était un dimanche. On finissait de m'habiller pour la messe que les cloches annonçaient et dont la sonnerie entrait par la fenêtre ouverte. Mes tantes se tenaient debout dans la chambre déjà prêtes à partir, en robes claires, un gros livre à la main. En sortant, elles ouvrirent leurs ombrelles, l'une rose, l'autre verte. La double soie bombée craqua au soleil. On marchait doucement sur les pavés pointus de la rue. Il y avait au seuil des portes des petits garçons avec des cols blancs et des petites filles avec de minces nattes. Les mères achevaient d'enfiler des gants de filoselle ; puis les portes se refermaient et les groupes s'acheminaient vers l'église. Au portail stationnaient des paysans en longues blouses bleues roides d'empois. Les chapeaux de feutre ombrageaient des joues rasées. Ils causaient bruyamment avant d'entrer à l'office. L'église déjà ronflait d'orgue et regorgeait de monde. Des gouttes d'eau bénite aspergeaient la dalle autour de la cuve du bénitier où des poissons sculptés en frise tournaient dans le granit bleuâtre. Un Christ de bois peint, à une croix taillée, mirait son torse sanguinolent et sa tête épineuse dans l'eau froide et claire. Le suisse, devant la grille du chœur, se tenait debout. Avec son chapeau emplumé, son baudrier rouge, ses mollets cambrés, il avait l'air goguenard et cérémonieux, moitié sacristain, moitié gendarme, et il me semblait que c'était sa hallebarde qui avait dû ensanglanter de sa plaie rosâtre le maigre Christ de la porte.

La hallebarde, de sa hampe, frappa le pavé, et l'assistance se leva dans un bruit de chaises remuées, de robes froissées, de toux, et une odeur d'humidité tiède, de sueur et d'encens. Nous gagnâmes nos places. Elles se trouvaient dans une petite chapelle derrière le chœur. Entre les piliers blancs à chapiteaux de figures et de fruits, j'apercevais le prêtre et les servants, mais leurs génuflexions et leurs cérémonies m'intéressaient certes moins que les enfants de l'école rangés devant nous sur deux bancs de bois. Leurs têtes tondues, blondes ou brunes, se tournaient fréquemment. Parfois une main terreuse et recroquevillée grattait énergiquement la courte toison où le rond de pelade luisait nu dans la chevelure drue. Les jambes remuaient, dans une perpétuelle inquiétude. Les coudes se taquinaient. De l'un des bancs une face hilare me réjouit de la contorsion, par-dessus l'épaule, d'une affreuse grimace.

J'étais enchanté, et tout en faisant semblant de lire au gros livre que grand'mère m'avait mis entre les mains, je regardais en dessous si je ne reverrais pas la face bouffonne.

A l'Évangile, la voix du prêtre nasilla. De petites flammes dansaient au bout des cierges. L'officiant ôta sa chasuble. La blanche tunique de l'aube le faisait apparaître comme en chemise. Le suisse le précédait à travers la nef vers la chaire. Pour entendre le sermon, les assistants des chapelles s'approchaient à portée du prédicateur. Je suivis ma grand'mère et mes tantes, chacune portant sa chaise. La mienne était lourde, je m'y attelai et la traînai derrière moi sur les dalles où elle sursautait bruyamment.

Nous nous trouvions en pleine foule. Les coiffes tuyautées des paysannes se mêlaient aux chapeaux des dames. Ma mère et mes tantes se parlaient bas. Ma tante Marceline fit remarquer que la perruque de M. Gaspard lui couvrait presque une oreille. — Ah! voilà Mme de Néronde et ses filles. Comme M. de Néronde a vieilli! Voici les petits Vardoux. — Trois garçons dont l'aîné avait une longue figure jaune et les deux autres des faces rougeaudes. Leurs gros mollets nus s'écrasaient aux barreaux de leurs chaises. Ils portaient chaussettes rayées et cols marins. Les petites de Néronde souriaient. M. Gaspard somnolait. Une vieille paysanne, chapelet aux doigts, marmottait en regardant son panier caché sous sa jupe. La voix du prédicateur montait et descendait.

Brusquement, elle s'arrêta. Les chaises remuèrent de nouveau. Le prêtre en tunique blanche retraversa l'allée de la nef.

Le suisse se replanta devant la grille. L'office reprit. Le Credo monta aux voûtes, soutenu par l'orgue. La Préface fut chantée. L'Élévation courba les têtes. Je revis sournoise et furtive la grimace du gamin. Les sols tombèrent dans la bourse de quête et la cérémonie s'acheva.

On sortait. Une poussée engorgea la porte. Je me trouvai entre deux gaillards de la campagne. Leurs blouses empesées me frôlaient. Derrière nous l'orgue grondait encore.

Au dehors, c'était le grand soleil de midi, une chaleur forte sous un ciel clair. Des mendiants tendaient leurs chapeaux crasseux; l'un deux montrait un moignon rose, un aveugle menait en laisse un caniche boueux dont le poil pendillait comme des bouts de vieilles ficelles. Les gros souliers martelaient le pavé lumineux. Ma grand'mère s'arrêta pour parler à son fermier qui l'écoutait, court et trapu, tournant son feutre entre ses doigts, en sa blouse ballonnée. Auprès de lui se tenait un petit garçon blond avec des yeux bleus. Des gens passaient en saluant ou s'approchaient pour demander des nouvelles de grand-père. Les deux plus jeunes Vardoux bousculèrent une vieille dame qui sortait au bras de M. Gaspard et que mes tantes abordèrent dans sa voiture où elle était montée péniblement. Grand'mère m'écarta du marchepied ; les chevaux piaffèrent et partirent. La rue redevenait silencieuse. Le soleil chauffait le pavé; les maisons ne faisaient presque pas d'ombre sur le trottoir. C'était midi.

*

Les jours qui suivirent notre arrivée furent marqués d'une amélioration dans l'état de santé de grand-père. Les douleurs qui le tourmentaient se calmèrent; ses membres retrouvèrent quelque souplesse ; l'appétit lui revint et il goûta avec plaisir les premiers fruits de son jardin, poires hâtives, raisins précoces. Certaines vieilles bouteilles de sa cave lui versèrent, de leurs panses poussiéreuses, des vins d'anciennes vendanges. La tabatière répandit moins son tabac aux soubresauts des mains énervées.

L'enflure des jambes diminuée lui permit même de se lever de son fauteuil.

Il s'appuyait longuement aux bras d'acajou et se mettait debout d'un lent effort pour faire quelques pas dans le salon. Sa main tremblait sur le lézard de la canne. Les coussins jaunes gardaient sa place marquée, comme dans l'attente narquoise d'un retour qui en effet ne tardait guère. On faisait silence autour de cette promenade hésitante. Les aiguilles à tricot de grand'mère s'arrêtaient, et tout le monde restait comme en suspens à regarder le vieillard, au bras d'une de ses filles, parcourir le salon. Il allait jusqu'à la fenêtre et retournait au fauteuil où il retombait lourdement; la canne glissait sur le parquet et je ne manquais pas de la ramasser, prompt à l'occasion de toucher ainsi un instant le lézard ; et c'étaient, au malade, ces tendres compliments où l'on exagère d'une façon touchante ce qu'il vient d'accomplir comme pour y voir un signe de mieux ou en tirer un augure de guérison, compliments accueillis tantôt d'un sourire de fatigue, tantôt reçus avec un froncement de sourcil, et parfois rebutés d'un de ces mots secs que dictent l'ennui du mal, l'humeur de l'infirmité, la certitude de l'impotence. Cette sorte d'amertume acariâtre se montrait même dans le demi bien-être de cette semaine de répit. L'accalmie persistante avait pourtant permis de rouvrir la table de jeu.

Le tapis vert brilla de la nacre des jetons et de la bigarrure des cartes. Le goût de la partie y asseyait chaque jour vers quatre heures M. Gaspard de Berteuil, M. de Néronde et l'abbé de la Talais, whisteurs acharnés. M. de Berteuil était grand et mince; une épaisse perruque grisâtre couvrait sa tête ridée où s'allongeait au menton une barbiche blanche. Il portait des guêtres grises et des escarpins qu'on entendait craquer au moindre mouvement de leur vernis miroitant. Leur bruit d'insecte se mêlait au tintement des jetons et au souffle des cartes. M. de Berteuil, coquet et sénile, tenait à son pied, se cambrait, marchait droit, portait haut; ses breloques lui battaient la cuisse. Mon grand-père l'aimait et le plaisantait, mais avec une pointe de respect, non pour sa belle maison et ses bonnes fermes et son cabriolet attelé d'un cheval pommelé, mais plutôt parce que, légitimiste intraitable, M. de Berteuil avait fait plusieurs fois le pèlerinage de Goritz et de Frohsdorf et qu'il avait parlé au « Roy ». Ce voyage avait été le désir continuel de mon grand-père ; les circonstances de sa santé l'en privèrent, mais il gardait précieusement, rapportée de là-bas par son ami, encadrée au mur, près de son fauteuil, une feuille de papier blanc, ornée d'un cachet rouge et de la signature du Prince.

Je me souviens de l'abbé de la Talais comme d'un petit homme maigre, dont un long nez, marqué sur l'aile gauche d'un pois noir, était toute la figure. Son ventre rondelet bombait sous sa robe qui, raccourcie par devant, laissait voir des souliers à boucles de cuivre. Il avait été grand vicaire quelque part, mais renonça à tout espoir d'épiscopat pour devenir et rester curé de P..., où il était né, de bonne race et apparenté aux meilleures familles du pays, de sorte que plusieurs de ses ouailles, par ancienne camaraderie, continuaient à le tutoyer. Berteuil, entre autres, l'interpellait d'un : — A toi, l'abbé ! — qui me surprenait. M. de Néronde, à la table de whist, représentait assez bien le « mort » par son silence, ses yeux caves, son visage osseux.

Ma grand'mère profitait d'ordinaire de la présence de ces messieurs pour s'esquiver furtivement. Elle aimait les messes, les saluts, les sermons, les visites aux couvents ou à des amies. Non seulement elle tenait fort à ses habtiudes, mais elle désirait que ses filles accomplissent comme un devoir ce qui était pour elle un plaisir. Scrupuleuse en dévotion et ponctuelle en politesse, elle poussait ma mère à profiter du mieux survenu pour s'acquitter de son devoir mondain qu'elle souffrait de sentir différé. Ma mère commença la tournée d'usage où souvent elle m'emmenait.

Nous allions de rue en rue; tantôt on sonnait à une porte, tantôt à une grille. Un chien aboyait. On entendait le pas d'une servante qui venait ouvrir en relevant d'une main le coin de son tablier, ou le tintement du chapelet de la tourière. Le parloir du couvent sentait la cire et l'encens. Les chaises de paille s'adossaient au mur nu. Un grand crucifix assistait à la causerie. De vieilles dames m'embrassèrent en des salons à meubles cannelés. Les têtières de guipure blanche couvraient les dossiers des fauteuils, devant chacun desquels s'étalait un rond de sparterie. Parfois, dans un coin, pépiait une cage d'oiseaux avec un velouté bruit d'ailes et le craquement des graines becquetées. Des salles à manger sentant le pain et le linge s'ouvrirent pour moi et des confitures roses ou jaunes coulèrent sur des assiettes blanches. Des prunes s'éboulèrent des jattes.

Une fois, nous sonnâmes à une porte grise. Au bout d'un long corridor, nous entrâmes dans un salon à boiseries. De hautes glaces en des cadres de rocaille montaient jusqu'au plafond, Mlle de Serlette y mirait une tournure carabosse et une extraordinaire laideur. Ses yeux disparaissaient dans les rides de sa figure bouffie. Elle bredouillait; un petit sac de soie noire pendait à son bras et des mitaines de fil lui couvraient les mains.

Chez Mme de Néry, on m'envoya promener au jardin. Il y avait un kiosque vitré plein de toiles d'araignées; une grosse mouche y bourdonnait dans l'odeur moisie. Plus loin je rencontrai une fontaine. Je pompai. L'eau vint drue, abondante, fraîche, cristalline, brisant son jet sur une pierre moussue creusée en rigole, et mouillant mes souliers dont elle criblait la poussière de petits points noirs et qu'elle finit par tremper tout entiers. Le vent murmurait dans les arbres avec un tremblement léger de feuilles. L'eau s'égouttait lentement; une brouette grinçait au détour d'une allée.

Chez Mme de Néronde, on nous dit qu'elle n'y était pas et j'en eus quelque regret. La maison se trouvait tout au bout de la ville, au commencement d'une grande route bordée à cet endroit de magnifiques platanes et qu'un mur bas séparait du parc. On voyait par la grille une vaste pelouse autour de laquelle tournait une allée qui s'enfonçait sous des arbres. Les grands platanes arrondissaient leurs branches en voûte verte.

L'ombre était tachetée de soleil; les troncs squameux s'écaillaient.

Nous venions nous promener là presque chaque jour, ma mère, mes tantes et moi. Je les quittais pour courir en avant et je les rejoignais vite si quelque voiture approchait, si quelque chien me jappait aux jambes, et je marchais sagement auprès d'elles.

Après les platanes la route continuait, tournant le flanc d'un coteau de vignes et dominant la campagne. La rivière parcourait mollement les prés, se nouant de boucles lentes. Çà et là luisait une mare avec des saules; les peupliers du canal s'alignaient ; la fumée horizontale d'un train se déroulait ; des fermes à toits rouges flambaient dans la verdure des prés et le bistre des labours. Souvent l'horizon se bornait là; mais parfois, à cause d'une certaine transparence de l'air, il s'agrandissait de pentes indécises au delà desquelles, certains jours, se dressaient, vaporeuses, bleuâtres, de longues collines harmonieuses.

La route continuait encore avec ses tas de pierres, ses arbres réguliers; elle devenait toute droite et allait traverser le canal qu'elle passait sur un pont bombé. De là partait le chemin de Terroine.

C'est à Terroine que se trouvait le château habité par la marquise de Verdeilhan, la vieille dame qui, l'autre dimanche, montait en voiture au sortir de la messe. Depuis lors elle était venue voir mon grand-père, qui avait été des amis de son mari. Son entrée au salon, avec un bruit de soie froissée, retentit des jappements de ses trois petits chiens bichons qui ne la quittaient pas, blottis dans ses jupes sous son fauteuil et qui, au départ, laissèrent sur le parquet trois minuscules flaques et une crotte crayeuse.

*

Il faisait un temps tiède et doux et je jouais sans chapeau dans la cour. Mes poches bourrées de cailloux, un rond à la craie tracé sur la porte de la remise, je m'exerçais à cette cible avec le regret, au fond, de ne pouvoir employer mon adresse contre un but plus agréable : les poules qui picoraient autour de moi.

Elles piétaient tranquillement. Une, parfois, qui s'était trop approchée, sursautait au bruit de ma pierre contre le vantail et s'enfuyait en gloussant. J'aurais aimé la poursuivre. J'avais un jour essayé d'en prendre une à la course, mais sans résultat par l'apparition simultanée de ma mère et de la vieille Justine.

C'était elle qui soignait le poulailler. Elle restait assise au seuil de la cuisine à tricoter ou bien jetait du grain aux poules, redressant les écuelles renversées, cherchant les œufs quand la pondeuse avait chanté. Elle allait aussi au jardin ramasser de l'herbe pour les lapins. Au retour, elle la portait dans son tablier gonflé. Les herbes pressées en tombaient, formant une boule verte, déjà flétries comme d'avoir été touchées par de si vieilles mains. Longtemps elle triait le paquet, mettant à part les meilleures. Il y en avait de rêches, un peu piquantes, de molles avec de petites houppes jaunes, du pissenlit et du seneçon, que se partageaient les lapins aux longues oreilles et les lapines au ventre doux.

Certains jours elle entrait dans le poulailler. Je voyais sa coiffe blanche, ses besicles, et elle ressortait tenant deux poulets liés par les pattes qu'elle emportait dans une petite maisonnette située au fond de la cour. Puis on entendait des gloussements lamentables et elle reparaissait, avec à chaque main une des bêtes, du bec de qui coulait un filet de sang. Elle les jetait frémissantes sur le seuil de pierre de la cuisine, leur petit œil voilé d'une taie bleuâtre et, assise dans son fauteuil de paille, commençait à les plumer. Ses longs doigts fouillaient le poitrail ; le duvet arraché laissait apparaître le bréchet bleuâtre; les cuisses se dénudaient; la tête pendait au bout de son cou flexible. J'avais grand'peur de la vieille ménagère. Elle me représentait assez bien les sorcières des Contes de Perrault, et aujourd'hui, elle me surveillait du coin de l'œil, par-dessus ses lunettes, guettant mes cailloux.

Mes poches commençaient à se dégonfler, lorsque ma tante Julie entra dans la cour et me dit de mettre mon chapeau pour aller au jardin. — Grand-père y va, ajouta-t-elle. Nous irons devant, pour lui ouvrir. — Je courus au vestibule décrocher mon chapeau de la boule de cuivre qu'il coiffait. Sur l'escalier je vis grand-père que deux hommes descendaient dans un fauteuil. Il voulait revoir ses légumes et ses espaliers.

Le jardin était séparé de la maison par le Cours où un quinconce de tilleuls ombrageait des bancs de pierre, et par le champ de foire où poussait une herbe râpée. Chaque dernier dimanche du mois s'y tenait l'assemblée des bestiaux. Les bœufs et les vaches dominaient de leurs cornes et de leurs croupes la cohue des moutons. Les blouses et les paniers, les fichus et les fouets se mêlaient. Des boutiques installées sur le Cours déballaient leurs cotonnades et leurs coutelleries. Les paysannes piétinaient. Des enfants sifflaient en des musiques d'un sou. Puis, dans l'après-midi, la foule rustique se dissipait et, jusqu'au soir, sur les routes, s'éparpillait un passage de bestiaux et de carrioles, depuis l'éleveur qui mène son troupeau jusqu'au bouvier qui aiguillonne son attelage, la vieille femme qui conduit sa chèvre, le vieil homme qui, une branche boueuse à la main, pousse devant lui un goret gras.

J'avais vu une de ces foires, celle de la fin de juin. Le champ que nous traversâmes était encore couvert de bouses et de crottin. Notre jardin le bordait de son mur hérissé de tessons et que dépassaient quelques cimes d'arbres. C'était un vaste enclos rectangulaire. Des fruits de toutes sortes y mûrissaient en espaliers ou en plein vent. A un angle se dressait un petit pavillon rempli d'outils, de graines et d'herbes sèches. Non loin d'un banc vert qu'abritait un noisetier se trouvait le réservoir.

On y descendait par un escalier herbu dont la dernière marche ébréchée trempait dans l'eau. Les trois autres côtés élevaient à pic leur maçonnerie. Un tuyau montait le long d'une des parois. La pompe se déversait en haut dans une cuve de pierre, mais elle ne fonctionnait plus, et la cuve restait à demi pleine d'eau que le jardinier remontait du réservoir. J'aimais le regarder tout au fond, accroupi sous son chapeau de paille. Il ôtait ses sabots avant de descendre, et tandis qu'il les remettait l'arrosoir s'égouttait sur le gravier. Le crible de la pomme épanouissait un bouquet d'eau vermiculée.

Celle de la cuve était trouble; je m'y penchais pendant des heures entières à y barboter, manches retroussées; des têtards y frétillaient en petites boules noires; j'épiais leurs agitations molles et vives.

Souvent ma mère et mes tantes, lasses de coudre sur le banc vert, à l'ombre du noisetier d'où j'entendais leurs voix, me laissaient à la garde du jardinier.

Elles parties, il se faisait un grand silence. Les mouches bourdonnaient; une fleur, surchargée d'un frelon, fléchissait doucement; les guêpes passaient dans l'air chaud avec un bruit tiède; des lézards couraient sur la pierre brûlante ou s'arrêtaient immobiles en leur fine attitude attentive, et j'entendais un bruit de sabots sur une bêche ou le grincement d'un sécateur.

Ce fut le jardinier, aidé du domestique de M. de Berteuil, qui porta grand-père au jardin. Je ne l'avais jamais vu en plein jour et je le trouvai extrêmement vieux quand il s'assit sur le banc. Nous l'entourions tous. Sa figure jaune souriait. Il était heureux de cette promenade. Tante Marceline lui offrit des œillets du parterre. Il faisait des raies sur le sable avec sa canne. Le lézard semblait remuer. Je cueillis une grappe de raisins verts.

L'année s'annonçait bien aux treilles

chargées. Des poires dures et vertes soulevaient le feuillage métallique de l'espalier. Les pêches veloutées et rebondies se teignaient en nuances de pastel velu. On allait à pas lents. Grand-père donnait le bras au jardinier et s'y appuyait lourdement.

Parfois il s'arrêtait devant un fruit, et j'entendais sa respiration oppressée. Un vent léger irritait le plumage des asperges; un papillon jaune volait autour d'un chou et s'y posait, les ailes frémissantes. La bêche du jardinier se tenait plantée droite dans la terre fraîche. Je la revois encore, avec son manche poli par les paumes rugueuses, debout dans l'entaille où elle semblait marquer la place d'une fosse commencée, car, à mesure que l'on vit, les choses d'autrefois prennent un sens nouveau et leur signe secret nous apparaît plus tard, et ce n'est que maintenant que je comprends la mélancolie de cette promenade de jadis, à petits pas, au soleil couchant, dans ce vieux jardin tranquille.

Quand le jardinier et le domestique remportèrent grand-père dans son fauteuil, j'eus grand regret de les suivre. Je pensais aux têtards dans l'eau trouble, aux papillons jaunes, aux lézards dans les fentes des murs. Ma grand'mère et ma mère marchaient côte à côte. Tante Julie me tenait par une main et de l'autre j'effeuillais méchamment les œillets que tante Marceline, qui les avait cueillis, laissait pendre entre ses doigts, à son côté, dans les plis de sa jupe de toile bise.

*

Quelques jours après, à mon réveil, je trouvai la chambre vide. Le lit de ma mère dans l'alcôve laissait pendre ses draps défaits. J'eus l'impression de quelque chose d'insolite. Le soleil perçait par les persiennes mal jointes. Je restai assez longtemps immobile, indécis ; à la fin je me levai en chemise, j'entr'ouvris la porte et je me mis à appeler, d'abord doucement, puis de plus en plus fort, jusqu'à ce que la bonne accourût en me faisant signe de me taire : — Madame va venir, elle est occupée. Elle m'a dit de vous habiller en attendant. — J'étais fort gâté et je commençai par pleurer. Mariette m'offrit d'aller chercher Claudie. C'était la cuisinière, que j'aimais beaucoup. Elle me donnait des rognures de pâtisserie, des pattes de canard qu'elle m'avait appris à faire s'écarter en éventail au moyen d'un nerf qu'on y tirait. Elle me prêtait aussi un vieux couteau à bout rond. Je me laissai pourtant habiller par Mariette. Elle était paysanne et fraîche. D'ordinaire elle cousait dans la lingerie d'où elle me renvoyait impitoyablement quand elle repassait, ce que je ne lui pardonnais guère, car cela m'amusait de la voir asperger de gouttes bleues le linge blanc et approcher de sa joue le fer chaud.

Je lavais mes mains dans la cuvette en

faisant mousser le savon quand ma mère entra. Elle n'était pas peignée. On avait dû la réveiller au milieu de la nuit, car elle semblait fatiguée. Sa tristesse m'intimida. En m'embrassant, mon nœud de cravate refait, elle me dit que grand-père était plus malade, d'être sage, de ne pas faire de bruit, d'aller jouer au salon.

La table était au milieu, chargée de sacs à ouvrage, d'étuis à aiguilles, de ciseaux. Sur le parquet traînaient des bouts de fils et de chiffons. Les chaises restaient rapprochées telles qu'on s'en était levé hier soir. Je commençai par faire le tour de la pièce. Puis je m'assis et demeurai assez longtemps indécis. Tout à coup je me dressai. Sur une console dorée à pieds cannelés et que surmontait un marbre gris se trouvait un vase de vieille faïence. On me défendait d'y toucher. Je le pris avec terreur et délices; il était vide et poussiéreux à l'intérieur. Je le remis à sa place et je regagnai ma chaise. Si je jouais du piano on m'entendrait et je risquais de me pincer les doigts en refermant l'instrument, mieux valait ouvrir la boîte à jetons.

Elle en contenait de toutes les sortes en de petites corbeilles de paille bordées d'une chenille verte ou rouge; il y en avait de nacre et d'ivoire, des ronds et des carrés et quelques-uns plus longs, jaunes, liserés de blanc. Je les versai, les mélangeai, les brouillai, puis je laissai tout et je me mis à pleurer. Je revoyais le visage triste de ma mère et je ressentais tout à coup une grande peine que mon grand-père fût malade, car j'étais un bon petit garçon avec les sentiments vifs et courts de l'enfance ; aussi mes larmes séchèrent-elles assez vite et il me semblait que grand-père prenait pour moi un peu de l'éloignement d'un vieux portrait, une apparence déjà de souvenir, et devant le vide du fauteuil d'Utrecht jaune où il s'asseyait d'habitude, j'éprouvais un double sentiment à la fois de regret et d'oubli.

*

Les enfants ont un singulier besoin de toucher, de fouiller, de soupeser, afin de se rendre compte de l'exacte nature des objets. Il faut qu'ils en apprennent l'aspect, les nuances l'usage, car ils les retrouveront à chaque instant de leur vie et l'idée qu'ils en auront dépend de ces expériences enfantines qu'au lieu de faciliter on contrecarre d'ordinaire. Les surveillances, les précautions les écartent de cette intimité matérielle si nécessaire. J'en avais été comme les autres tenu à distance et je me trouvais, pour la première fois, libre à peu près d'agir à ma guise, d'aller et de venir. La vieille Justine, en plumant ses poulets, regardait, de temps en temps, mes jeux pardessus ses besicles. Mariette aussi me surveillait parfois. Au jardin le vieux jardinier s'interrompait de bêcher pour crier: — Monsieur François, êtes-vous là ? — Tante Julie ou tante Marceline venaient à l'heure du goûter me couper des tartines ou me donner des confitures. Ma mère descendait un instant, me recommandait d'être sage et remontait dans la chambre de grand-père.

Cette chambre était au premier étage. Je l'imaginais comme un lieu mystérieux, car je n'y pénétrais jamais. Parfois, en passant, je voyais Mariette en sortir, portant sur un plateau une tasse ou des fioles. Quelquefois, sur l'escalier, que je jouais à descendre ou à grimper une ou plusieurs marches à la fois, je rencontrais le médecin, un gros homme à redingote noire et à cravate blanche. Un panama coiffait sa figure rouge qu'il épongeait en montant. L'abbé de la Talais venait souvent aussi ; il me tapotait la joue au passage et, assis sur une marche, je regardais ses souliers à boucles soulever le bas de sa robe usée.

Quand je m'étais assez vu dans la boule en cuivre de la rampe, je rôdais à travers la maison. Au dehors, juillet luisait de ses gros soleils. Au dedans, il faisait frais. Dans le carrelage dérougi du vestibule un carreau remis à neuf brillait d'un rouge vif. Peu à peu, je connus les moindres détails de la vieille demeure : l'écaillure des murailles, tel gondolement de la toile d'un ancien portrait, les cassures de la console, telle feuille de parquet qui fléchissait sous le pied, d'imperceptibles riens que je n'ai jamais oubliés, tous les bruits de la vie et du silence auxquels j'étais attentif.

Mes tantes habitaient deux chambres au second. Celle de ma tante Marceline était tendue de cretonne claire à bouquets, avec des sièges capitonnés de même étoffe. La cretonne dégageait son odeur particulière mêlée à des restes de parfums dont les flacons s'alignaient sur la toilette. De l'eau savonneuse moussait encore dans la cuvette. Une jupe s'étalait sur un fauteuil. D'autres étaient accrochées dans un petit cabinet noir. En ouvrant sa porte, le vent les faisait vaciller. Il y en avait de lourdes qui pendaient comme mortes, d'autres légères et qui semblaient vivantes. Au chevet du lit une montre d'or crépitait à un clou. J'approchais mon oreille pour l'écouter. L'armoire à glace, au fond de la pièce, reflétait la pente du tapis.

La chambre de tante Julie était plus vaste. Au mur, des dessins encadrés; je montais sur une chaise pour les mieux voir. La table portait une boîte d'aquarelle, des fusains et des estompes; quelques fleurs modèles trempaient en des vases de faïence. Ces deux chambres me paraissaient des lieux singuliers. J'y passais des heures. J'ai connu là de grands plaisirs.

*

Un dimanche, après vêpres, je jouais sur le Cours avec Mariette. Cet endroit, que ses arbres alignés, ses bancs de pierre désignaient comme devant servir de promenade, restait invariablement désert, excepté les jours de foire, où les boutiques s'y installaient. Autrement, presque personne n'y passait, sauf peut-être, vers midi, M. de Berteuil revenant de quelque visite matinale à ses fermes. Le dimanche même, les gens de la ville ne s'y montraient pas. On préférait les platanes. Les bonnes sœurs y promenaient leurs orphelines. Elles allaient deux par deux, en bonnets de lingerie, les mains croisées sous leurs camails gris à ganse noire. Les gros souliers piétinaient bruyamment. Les deux plus petites marchaient en avant et les couples se suivaient par rang de taille jusqu'aux aînées qui portaient le ruban bleu des enfants de Marie. Derrière venaient les religieuses en cornettes et en guimpes blanches sur un corsage de bure. Le chapelet nouait les tailles épaisses et tintait aux plis des jupes. Les jeunes gens de la ville, le cigare aux dents, rencontraient là les filles endimanchées.

Sur le Cours, c'était la solitude et le silence. Les tilleuls embaumaient. Mariette se tenait sur un banc en face du portail de la maison. Parfois, par la porte entr'ouverte, une poule tendait sa tête anxieuse et s'aventurait de quelques pas au dehors. Mariette frappait des mains et la volaille rentrait précipitamment. La porte s'ouvrit tout à fait et ma mère avec l'abbé de la Talais parut sur le Cours. L'abbé vint s'asseoir sur le banc et me prit entre ses jambes. Je ne l'avais pas encore vu de si près. Son rabat était bordé de petites perles. Le pois noir de son nez luisait. — Tu viendras tous les matins à la cure prendre une leçon. Voyons qu'apprendrons-nous? le latin, l'histoire sainte, — disait l'abbé. — Il est bien gentil, répondait ma mère, mais il est bien seul. Nous ne pouvons guère nous occuper de lui. On ne peut quitter mon père. Ce sont des soins de toutes les minutes. Son état est si triste! — Allons, courage, ma fille, ce sont de grandes épreuves que Dieu vous envoie... mais envoyez-moi ce garçon, j'en prendrai soin. — Il chassa de son rabat quelques grains de tabac. Sa robe se tendit sur son ventre; les boucles des souliers luirent. Il pirouetta sur ses talons. Le sable cria sous ses pas. Les tilleuls se balançaient ; quelques graines tombèrent en papillonnant.

*

Ces leçons, dont l'annonce me troubla fort, restent un de mes plus agréables souvenirs. J'y allais seul et, la ville traversée, j'arrivais à l'église. Elle était à peu près déserte. Les messes matinales une fois dites, aucun doigt ne troublait plus l'eau du bénitier. Les chaises bien rangées s'alignaient dans la nef. Les hauts piliers peints à la chaux soutenaient la voûte laiteuse ; toute cette blancheur s'irisait, çà et là, d'un feu de vitrail. Les grandes dalles sonores répercutaient mon pas aux échos divers des chapelles. C'était un lieu de lumière douce et de silence pacifique, d'architecture solide et élégante en sa vieillesse rafraîchie. La lampe du chœur se balançait imperceptiblement devant l'autel. Je passais vite et je poussais une porte rembourrée dont la molesquine usée laissait voir le crin qui la matelassait. Elle donnait sur un cloître qui servait de préau aux enfants du collège et de passage entre la cure et l'église. Ce cloître tout blanc, carrelé de rouge, enserrait de son quadruple promenoir un carré d'herbe. A l'un des angles, je sonnais au presbytère. L'abbé venait m'ouvrir lui-même. Il portait sur sa tonsure une petite calotte noire ; son menton rasé grattait son col sans rabat. Il me recevait dans une grande salle voûtée et claire où deux chaises de paille nous attablaient devant des paperasses. Le bon abbé se renversait sur le dossier, il aimait à se balancer, le nez en l'air, pendant que j'ânonnais de vagues déclinaisons. Un écho bizarre bourdonnait, mêlant les voix, les confondant. La leçon durait d'autant moins que l'abbé, sauf au whist, avait peine à tenir en place. Il détestait le confessionnal. Tout en me reprenant, il allait et venait de son pas agile.

A travers la haute porte-fenêtre ouverte sur le jardin on voyait la verdure des arbres, le bleu du ciel. C'est dehors que s'achevait la leçon. La vieille bâtisse abbatiale abritait cet enclos qui était soleil et lumière. Les espaliers s'étiraient le long de la pierre recuite avec une paresse délicieuse. Tout poussait là hâtivement et abondamment. Les choux pommaient. J'y ai vu les plus beaux fruits, les plus belles fleurs et les plus riches papillons. Leurs diaprures colorées m'éblouissaient ; ils semblaient avoir passé à travers la transparence lumineuse des vitraux de l'église et avoir emprunté leurs couleurs aux verrières chatoyantes. Il y en avait de superbes au vol rapide et palpitant et de plus humbles que j'aimais aussi, aux ailes légères, qui montaient en zigzag le long du mur, faiblement, avec peine, et finissaient par disparaître.

En rentrant du jardin dans la salle

voûtée on sentait une grande fraîcheur aux paupières. Quelquefois nous montions l'escalier sonore. La chambre de l'abbé se composait d'un lit et d'un prie-Dieu. Dans un coin reposait une sorte de longue tige d'acier qu'une crosse adaptée transformait en fusil. L'abbé avait aimé la chasse et cette arme dissimulée lui semblait mieux en accord avec son habit. Jeune vicaire de campagne en tournée, au coin d'une haie, il avait maintes fois abattu un perdreau ou boulé un lièvre, et pour m'amuser il me faisait brûler des amorces qui remplissaient la chambre d'une petite odeur de poudre que le grand nez à pois noir, comme marqué d'un grain de plomb, reniflait avec un plaisir braconnier.

Certains jours nous allions visiter l'orgue. Le rêve de l'abbé avait été d'en construire un. Les matériaux en remplissaient un coin du vaste grenier qui, avec son toit élevé, ressemblait assez à une église rustique. Il revenait parfois travailler à l'instrument inachevé qu'il ne termina jamais. Le sacerdoce et la charité lui prenaient son temps. J'ai su de lui, ensuite, des traits admirables. Né avec quelque fortune, elle était allée à toutes mains, répandue, émiettée comme le pain même qu'elle devenait. Il vécut pauvre et dénué. Il avait pendant cinquante ans dit la messe, visité les pauvres, bêché son jardin, travaillé à son orgue. J'en ai vu les pièces poussiéreuses et je ne comprenais pas que ces bois épars pussent, un jour, chanter harmonieusement, pas plus que je ne devinais alors que ce bonhomme à long nez, avec sa soutane jaunie et son rabat de travers, était une sorte de héros secret, humble, touchant et vénérable.

*

Sûrement que grand-père voulait faire son testament, car grand'mère me mena avec elle chez M. Vardoux, le notaire. Il habitait place du Marché. Son panonceau y faisait pendant à la savonnette du barbier. Il fallait que le cas pressât pour qu'une des rares sorties de la pauvre femme ne fût pas pour l'église. Elle n'allait guère plus que là, brusquant ses messes et écourtant ses sermons. Je ne la voyais plus, de la fenêtre, causant dans la rue avec de vieilles dames.

M. Vardoux la reçut dans son étude et chargea son clerc de me conduire près de ses fils. Ils étaient trois. L'aîné avec une grande tête jaune, intelligent, né physicien et chimiste. Tout enfant il se plut aux petites expériences, à ce qu'on appelle les jeux scientifiques ; maintenant il montrait une véritable aptitude pour les sciences. Toutes ses journées de vacances, il les passait presque dans une sorte de grenier laboratoire, plein de cornues, d'éprouvettes, de bocaux et de fioles. Il y jouait aussi de la flûte pendant des heures.

J'entendais cette flûte, elle se répandait par toute la maison. On distinguait les reprises; plusieurs fois elle recommençait la même mesure où l'air achoppait, puis, la difficulté surmontée, elle continuait douce et aiguë.

Les deux autres Vardoux entrèrent dans la pièce où je les attendais. C'étaient de gros garçons un peu plus âgés que moi. Ils me considérèrent avec curiosité, puis m'offrirent de venir voir leurs jouets. J'acceptai. Grand'mère, qui en avait fini avec le notaire, me laissa. Maître Vardoux me conduirait plus tard en allant voir son client.

Ce fut une mauvaise journée.

Les jeunes Vardoux avaient hérité des jeux scientifiques de leur aîné. Ils possédaient une machine électrique, savaient charger une bouteille de Leyde, vous placer sur un tabouret à pieds de cristal et vous tirer des étincelles du nez et des cheveux. Je fus vite épouvanté de leur sournoiserie et ahuri de leur turbulence. Les deux gamins se pincèrent, puis se battirent, se colletèrent et finirent par me mêler à leur bousculade.

Leur tapage fit intervenir M. Vardoux, et on descendit au jardin. Je montai sur l'escarpolette où les jeunes Vardoux me balancèrent bientôt à tour de bras et si rudement que, les mains meurtries de me retenir aux cordes, je me mis à pleurer. Les Vardoux, de crainte d'être punis, disparurent. L'escarpolette se ralentit peu à peu. J'étais seul et, les oreilles rouges, le nez gros, j'écoutais, en séchant mes larmes, à travers les persiennes vertes du laboratoire, doucement et aigrement, geindre et roucouler tour à tour les sons inégaux de la flûte. Je refusai désormais de retourner chez les Vardoux. J'aurais assez aimé à m'asseoir auprès de l'aîné entre les bocaux et les cornues, dans le laboratoire aux persiennes vertes et l'entendre jouer de sa flûte traversière en balançant sa grosse tête jaune aux joues gonflées, mais les bourrades de ses frères m'effarouchaient et je préférai rester seul dans ma rancune.

Si je détestais les deux polissons, j'aimais vraiment le petit Claude, le fils du fermier. Le vieux jardinier me conduisait souvent passer la journée à la ferme.

Pour y aller on prenait la route des

platanes en passant devant la grille et le mur bas de la maison des Néronde. On partait vers une heure. Les arbres immobiles mêlaient leurs feuillages. Jamais je ne longeais le beau jardin au perron fleuri sans un sentiment d'admiration et de regret. Une fois, j'avais vu un paon qui rouait; souvent j'apercevais les deux petites filles, natte au dos, jouant aux grâces ou sautant à la corde. Je savais qu'elles s'appelaient Thérèse et Sophie. Cela me semblait un lieu inabordable et délicieux. Je passais et je le perdais de vue. Arrivé au pont du canal, on le traversait et on suivait la levée.

L'eau filait indéfiniment droite, entre les berges de gazon dont l'herbe se reflétait, brin par brin, avec les arbres en bordure. De gros chalands à proues goudronnées remplissaient presque le passage de leur forme corpulente. Des haleurs les tiraient par de longs câbles qu'un baudrier de cuir liait à leurs reins. Ils s'avançaient penchés en avant. Le câble se tendait ou se détendait, égratignant l'eau plate. Derrière les barques une double ride semblait faucher les reflets.

J'aimais beaucoup suivre ce canal. A une écluse, on prenait un petit chemin entre deux haies et on arrivait à la ferme. Deux bâtisses, l'une d'habitation, l'autre de granges et d'écuries. Un grand fumier s'amoncelait entre elles. L'odeur du lieu était d'abord indéfinissable, mais peu à peu on en distinguait l'origine composite. La maison fournissait le parfum de lait aigre, de pommes de terre, de pain de seigle qui se mêlait à la senteur des écuries et du poulailler. L'étable fleurait tiède, la bergerie rance, la porcherie âcre. Tout cela mijotait au soleil de la vaste cour. Sur la terre piétinée des brins de paille luisaient. Un soc de charrue étincelait d'un éclair tranchant. Les oies, jars en tête, boitaient ; leur bec jaune dardait un sifflement méchant.

On me servait, à goûter, du lait versé d'une cruche de grès à fleurs bleues dans un large bol blanc, sur une table de bois poli. Au-dessus de la cheminée se croisaient deux vieux fusils. Du plafond pendaient des vessies de porc gonflant leurs outres ballonnées et transparentes et, d'une poutre, une sorte de lustre en papier découpé pour attirer les mouches. Elles se posaient sur les taches de lait. Le lit, sous des rideaux de cotonnade rouge, s'enflait de la molle bouffissure d'un édredon vert.

La fermière montrait un visage terreux, l'air souffreteux et fourbe. Je courais les champs avec le petit Claude. Il n'avait plus son toquet à pompon des dimanches. Il portait un vieux chapeau de paille, une culotte rapiécée, avec deux bretelles croisées dans le dos où bouffait sa chemise bise. Il avait ce même visage terreux, mais d'une argile plus fine, avec de ras cheveux blonds et des yeux clairs. Leste et agile, sa paire de sabots à la main, il courait sur la poussière, l'herbe ou les cailloux, de ses pieds nus, durcis et calleux. J'aimais beaucoup sa compagnie, il était doux, silencieux, adroit à une infinité de choses. Il trouvait dans les haies les plus touffues des trous invisibles pour s'y glisser ; il connaissait les fossés où, dans la glaise, l'eau séjourne ; il savait escalader les échaliers, ouvrir les barrières que ferment des verrous de bois et qui tournent sur des gonds d'osier tordu ; il savait les coins de prairies où l'herbe est haute, les fourmilières et leurs monticules vivants, les nids de guêpes au creux des vieux saules, les mares à grenouilles, toutes vertes de conferves, où leur saut creuse des trous noirs qui se referment sur elles.

Nous allions à l'étang. Profond à ses bondes, il finissait en pointe basse par une sorte de marécage hérissé de joncs. Nous pataugions dans le sol spongieux. Les pas suintaient. Claude entrait dans l'eau et en ressortait les jambes vaseuses. Elles séchaient en écailles de boue. Sa petite main brune et vive capturait les grenouilles, comme au vol, en leur saut élastique, ou les tâtait dans la touffe d'herbe où elles se réfugiaient. Il y en avait de jaune clair, d'autres couleur de cuir mouillé, de verdâtres, de vertes ; toutes dilataient un petit œil rond cerclé d'or, et il liait leurs pattes souples d'un jonc flexible.

Avec Claude je connus l'odeur des prés, la senteur de l'eau et de la vase, le parfum vigoureux des labours, les grands ciels de soleil, l'ombre des haies, les lumières horizontales des couchants. Parfois nous rencontrions le fermier menant son attelage de bœufs, assis sur le timon de la charrette, et piquant ses bêtes d'un aiguillon. Des plaques de mouches grouillaient sur leurs poils.

L'étable chaude alignait les croupes raboteuses des vaches. Les porcs se pressaient en grognant autour de l'auge. Les granges embaumaient d'une poussière parfumée. Nous glissâmes du haut des meules.

J'ai beaucoup aimé le petit Claude. Il était très bête et très doux, furtif et patient; mais, le soir, en rentrant de la ferme, sous les platanes, je regardais si les petites filles jouaient encore dans le jardin de leur belle maison d'où venait dans l'air pur l'odeur des roses du perron.

*

Je revenais de chez l'abbé qui m'avait donné une fort bonne toupie. Nous l'avions fait ronfler sur les grandes dalles fraîches de la salle basse où ses arabesques imitaient les méandres de l'arrosage. La boule de buis gonflait ma poche d'où pendait un bout de ficelle. En entendant mon pas sur l'escalier, ma mère sortit de la chambre de grand-père : — Viens lui dire bonjour; il veut te voir.

Instinctivement je tirai de ma poche

ma toupie que je posai avec mon livre sur la dernière marche de l'escalier. J'ôtai mon chapeau. Je me sentais fort troublé.

Dès l'entrée j'aperçus grand-père dans son lit. Des oreillers le soutenaient assis. Ses mains noueuses sur le drap blanc paraissaient presque noires. Un madras rouge et jaune roulé autour de sa tête lui faisait deux cornes sur le front. Il parlait avec peine. J'entendais sa poitrine se soulever irrégulièrement. Tante Julie me prit sur ses genoux. La chambre sentait la pharmacie. Mariette entra, portant le déjeuner de grand-père qui le repoussa et mangea un fruit. Je commençais à m'ennuyer. Je pensais aux espaliers du jardin, le long du mur où couraient les lézards; celui sculpté au pommeau de la canne, posée dans un coin de la chambre, semblait narquois et attentif.

Nous descendîmes déjeuner. Grand-père restait seul. On l'approcha à portée de sa main le cordon d'une sonnette.

Dans la salle à manger, nous nous assîmes. Grand'mère mangeait vite et remonta la première. Ma mère et mes tantes restaient à table. La nappe blanche était semée de miettes de pain. Les carafes fraîches suintaient à gouttes glacées. L'ombre prismatique du cristal arlequinait le linge. Le café noir séjournait dans les tasses; une petite écume rousse flottait à la surface en îlots minuscules, se désagrégeait. Tante Julie trempa un morceau de sucre et me le donna jaune et fondant. Marceline un autre. Il faisait chaud.

*

J'étais couché à plat ventre sur les dalles tièdes de la galerie. Une chaleur orageuse et accablante pesait d'un ciel montueux de gros nuages avec des intermittences du soleil et d'ombre. En bas, je voyais les poules aller et venir sur le sable chauffé, levant haut les pattes et marchant avec précautions. Au-dessus de moi la vigne arrondissait en berceau ses feuilles vertes et veinées, tordait ses vrilles, gonflait ses grappes alourdies. Quelques-unes, mal exposées, restaient encore dures avec leurs graines ratatinées, les autres mûrissaient, à certaines manquaient les raisins que j'y avais goûtés. Elles commençaient à attirer les guêpes qui seules troublaient ma quiétude et mon soin à compter, à recompter et à disposer en combinaisons symétriques des cailloux de silex que m'avait donnés le petit Claude. Ainsi allongé, je regardais le dallage et sa perspective et le mouvement des feuilles par leur ombre. Les guêpes bourdonnaient, acharnées, bruyantes.

Peu à peu je distinguai un autre bourdonnement, celui-là lointain, à la fois imperceptible et formidable. Le ciel à travers les feuilles restait bleu, mais le soleil avait disparu; je ne sais quoi de sombre et de grave se répandait sournoisement dans l'atmosphère, d'inusité et de magnétique.

Une feuille frémit, puis une autre, puis toutes en une oscillation multipliée. Puis il se fit de nouveau un silence immobile, où une poule gloussa, et un grand tourbillon secoua la vigne avec violence. L'orage approchait.

Je passai la tête entre les barreaux. Le sable de la cour tournoyait; des duvets épars voltigeaient; le vent avait vidé la corbeille où la vieille Justine plumait ses volailles. Une porte refermée claqua et une large goutte d'eau tomba juste sur un de mes cailloux qu'elle brillanta, en même temps qu'une autre m'étoilait la main.

Elles tombèrent d'abord presque une

à une, lentes, soupesées, définitives. On aurai pu les compter. Une là, une autre, une autre encore; puis elles se rapprochèrent. Je les entendais frémir sur les feuilles de la vigne qui tremblaient à leur poids; je les écoutais plaquer sur la pierre. Elles augmentaient; elles s'unirent, se soudèrent, se tissèrent et, le temps de fuir le long du balcon et de regagner la chambre par la porte-fenêtre, je me sentis les mains ruisselantes.

Un brusque éclair traversa le ciel et le lacéra; d'autres lui succédèrent comme dardés vers un but invisible qu'ils manquaient et recommençaient à viser. Le tonnerre éclata. Il pleuvait éperdument. Les gouttières dégorgeaient. Je vis Claudie, un torchon sur la tête, sa jupe retroussée, sortir dans la cour et placer sous le jet du toit des terrines vernies qui débordaient aussitôt. Les poules s'étaient rassemblées dans le poulailler ; les canards barbotaient joyeusement sous l'averse.

Elle fouettait le sable, y creusait des rigoles, s'y épandait en flaques ocellées, et, ravi, j'écoutais le bruit du tonnerre qui s'éloignait et, dans les intervalles, la grande rumeur mate de la pluie où se mêlaient les hoquets des gouttières, le clapotement des baquets; puis, l'orage fini, j'écoutai encore, longuement, minutieusement, l'égouttement des toitures, des arbres, des feuilles dans l'odeur fraîche de la terre humide et des verdures mouillées.

*

Les jours qui suivirent cet après-midi d'orage, et qui furent tièdes et pluvieux, nuisirent à la santé de grand-père. Son mal empira ; les inquiétudes revinrent. La chambre close en devint plus mystérieuse. On n'en sortait plus que par la porte juste assez entre-bâillée pour donner passage, comme si la vie y rôdait, toujours prête à s'en échapper avec son frisson d'ailes maladives. Je restais seul presque tout le jour. Jamais je ne possédai la maison plus intimement que par ces journées de pluie. Personne ne s'occupait plus de moi. Il me semblait que tout me devînt particulièrement familier. Le vide du vestibule, certains coins, tel tournant de l'escalier, prirent pour moi un aspect qu'ils gardèrent désormais.

Je montais aux chambres de mes tantes. Je voyais de là pleuvoir dans la cour et pleuvoir de plus haut, d'une pluie qui me paraissait autre que celle d'en bas. La montre, à son clou, marquait une heure immobile. La fenêtre restant fermée, la senteur des parfums se concentrait. Une robe rose pendit trois jours à une patère des rideaux.

Sur la table à dessin de tante Julie, les mies de pain séché durcissaient et des vieux fauteuils du salon sortait parfois une mite dorée. Elle voletait de ses petites ailes poudreuses et son flocon poussiéreux errait à travers le silence dans une odeur indéfinissable de camphre et de lampe éteinte. Chaque pièce avait son odeur particulière.

Celle de la remise en bas me revient encore. Cette remise donnait sur la cour par une grande porte disjointe, d'ordinaire entr'ouverte. Un demi-jour y éclairait des meubles hors d'usage, des armoires à grosse clé, des piles de bûches et, pendu à une poutre par une corde à poulie, une sorte de garde-manger en forme de cage métallique où l'on distinguait, à travers le treillis, la rougeur d'une viande ou la plume d'un gibier. Cela sentait la boucherie et le faisandage, le bois et le chiffon et, au milieu, une vieille calèche y mêlait son relent de cuir humide, de vernis et de drap poudreux.

Cette ancienne voiture ne servait plus

depuis dix années, sinon à la mise bas des chattes. Des toiles d'araignées tremblaient aux vitres brisées des portières. A l'intérieur, des hirondelles nichaient et fientaient sur les coussins troués. Je m'y asseyais de longues heures; au moindre mouvement l'antique guimbarde geignait sur ses ressorts. Elle me menait en pensée sur cette route de Terroine où nous n'allions plus, tandis que les perdreaux que Mme de Verdeilhan envoyait à grand-père, de ses réserves où ses gardes les abattaient, se balançaient doucement dans la cage métallique qui oscillait au moindre souffle.

On avait déjeuné tristement. Mariette revenait du télégraphe où ma mère l'avait envoyée porter deux dépêches.

Grand'mère était remontée dans la chambre. Debout à la fenêtre, tante Marceline regardait la rue. Je vis qu'elle pleurait. La journée fut anxieuse, Mariette descendit plusieurs fois l'escalier. En rôdant, je la vis qui guettait dans le vestibule sur le seuil de la porte.

Dans la salle manger, le repas n'avait pas encore été desservi. Je m'établis sur l'escalier. Mariette remonta précipitamment. L'abbé de la Talais entrait. Il portait un surplis blanc ; un enfant de chœur le suivait. Je me levai, il passa auprès de moi, et lui, si amical d'habitude, passa comme sans me voir, les mains jointes sur sa poitrine, les lèvres murmurantes.

Je me sauvai dans la cour ; il ne pleuvait plus. Vers le soir, ma mère parut au balcon et me fit signe de monter; dans l'escalier déjà obscur, je croisai ma tante Marceline qui m'embrassa. Je me sentis mouillé de ses larmes. La porte de la chambre de grand-père était ouverte, il y avait de la lumière. Tante Julie allumait un cierge à une bougie posée sur la table. Grand-père était mort.

*

Mon oncle Jules et mon père arrivèrent le lendemain. On n'avait pu les prévenir à temps. La maison semblait se réveiller d'un sommeil. Le vieux Gaspard de Berteuil vint. Il entra dans la chambre de son ami d'un pas craquant et en ressortit, le dos courbé, la perruque sur l'oreille. Mme de Néronde s'entretint longtemps avec ma mère. Je compris qu'elle parlait de moi. Je m'esquivai.

Mon père et mon oncle se promenaient au jardin. La vieille Justine m'y conduisit en allant chercher de l'herbe pour les lapins. Elle marchait plus cassée que de coutume, sa faucille de Parque à la main.

Il faisait une admirable fin de jour d'été. Les derniers lézards couraient encore sur les murs tièdes. L'ombre oblique des arbres traversait les allées. Mon père et mon oncle se promenaient vêtus de noir et coiffés de chapeaux de haute forme. L'abbé de la Talais sautillait entre eux. Au milieu du parterre, le grand prunier étalait ses feuilles luisantes. Au-dessous, le sol était jonché de prunes que l'orage avait fait choir.

Il y en avait d'encore vertes, de dures et comme agatisées, d'autres mûres et veinées en leur or mat. On les ramassait râpeuses d'un peu de terre sèche ; une goutte de gomme suintait de leur peau tendue. Parfois, par la fente de l'une d'elles, s'échappait une guêpe occupée à la ronger, et c'étaient celles-là les plus juteuses, les meilleures, avec la mouche d'or qui s'envolait de leur blessure et de la succulence de leur chair entamée.

*

Ce matin-là, on m'habilla tout de noir et j'allai jouer sur la galerie. Les gens commençaient à entrer dans la cour. Un groupe de vieilles femmes à coiffes blanches conversaient avec la plumeuse de volailles qui donnait la pâtée à ses poules enfermées. On arrivait de la campagne pour les obsèques et on eût dit presque un jour de marché. Quelques paysans se mêlaient déjà aux femmes. Je reconnus le fermier. Sa blouse bleue fermait au col par une chaînette. Il était coiffé d'un énorme chapeau haut à longs poils et tenait le petit Claude par la main. Je vis aussi Pierre le jardinier en redingote et pantalon noirs. Il avait remplacé ses sabots de travail boueux et équarris par des sabots vernis et qui luisaient.

Ma mère m'appela et, en m'embrassant, son voile de crêpe me râpa le visage. Elle me dit qu'on allait me conduire déjeuner chez Mme de Néronde, avec Sophie et Thérèse, que Pierre allait me descendre par une échelle, d'être sage et qu'il ne fallait pas pleurer. Je n'en ressentais aucune envie, quoique la mort de grand-père m'eût beaucoup impressionné, car j'étais nerveux et sensible assez pour qu'on voulût m'éviter l'émotion de la cérémonie et surtout la vue du catafalque, dressé dans le vestibule parmi les cierges et les fleurs; mais l'idée d'entrer dans la grande maison des platanes, de monter le perron fleuri, me transportait de joie.

Le vieux Pierre appliquait son échelle à la balustrade du balcon et ôtait ses sabots. Je le vis grimper les échelons, sa tête grise apparut. Il me prit dans ses bras et me descendit.

Il faisait bon sur le Cours. Nous traversâmes la ville. Il y avait du monde dans les rues, des dames en voiles noirs et des messieurs gantés. Je rencontrai M. Gaspard de Berteuil qui ne m'aperçut pas. Il caressait du bout de son gant la frisure de sa perruque de deuil, une perruque lustrée qui semblait peinte sur sa tête.

Nous approchions de la maison de Mme de Néronde. Elle semblait toute rose de soleil, au fond de son jardin en fleurs, parmi les beaux arbres.

Je voulus sonner moi-même à la grille. Un domestique vint. De la bavette blanche de son tablier sortaient des manches de lustrine. — C'est notre jeune monsieur, dit Pierre. — Je vais le conduire et prévenir ces demoiselles. —

Les marches du perron étaient larges et basses. On m'introduisit au salon où l'on me laissa seul.

Des rideaux rouges tombaient le long des hautes fenêtres. Une rangée de grands fauteuils dorés s'adossaient au mur du fond. Dans un angle, une table ronde. Une massive pendule de marbre jaune reposait sur la cheminée, dont le foyer était garni d'une mousse de laine piquée de roses artificielles. Tout le milieu du salon restait vide. Au centre, sur le parquet, une vaste étoile géométrique de bois noir dont les rayons irradiaient en s'amincissant. Juste au-dessus de l'étoile, un lustre de cristal étincelait à travers une gaze verdie qui l'enveloppait. C'était spacieux, désert et nu.

Je restais assis tout au bord d'un des larges fauteuils. J'attendis. Je me levai et je fis le tour de la pièce en ayant grand soin d'enjamber les rayons de l'étoile noire, puis, comme personne ne venait, j'y entrai résolument. Du milieu, je marchais jusqu'à la pointe de l'un des rayons et, à reculons, revenu au centre, je pivotais pour repartir dans un autre sens.

La porte s'ouvrit, et Sophie et Thérèse entrèrent, suivies de leur gouvernante. Nous nous regardâmes un instant, indécis. Elles me considéraient avec l'attention due à l'importance d'un petit garçon qui vient de perdre son grand-père. Je m'avançai vers elles. Nous nous embrassâmes.

En sortant du salon, elles prirent leurs chapeaux accrochés dans le vestibule. Ils étaient de paille tressée et pareils. Toutes deux portaient les cheveux nattés, l'une châtaine, l'autre brune, Sophie neuf ans, Thérèse sept. Elles avaient le teint clair et les yeux rieurs. Toutes deux en tabliers blancs, l'une avec une tache d'encre, l'autre avec une tache de confitures. Sophie marchait à ma droite, Thérèse à ma gauche.

Nous fîmes d'abord le tour de la pelouse, puis nous prîmes une allée qui entrait sous les arbres. Il y faisait sombre et frais, un hamac y était tendu.

La gouvernante trottinait derrière nous

grasse et somnambulique. On rentra déjeuner.

J'étais placé entre les deux petites filles qui me souriaient. Le domestique servait. M. et Mme de Néronde assistaient aux obsèques de grand-père. La cérémonie s'annonçait, car par les fenêtres ouvertes on entendait sonner les cloches de l'église. Ce fut d'abord un glas espacé, puis le branle s'accentua. Sur la table, les cristaux sensibles frémirent et tintèrent. La gouvernante fit signe de fermer la croisée. Le bruit s'assourdit. — C'est pour grand-père qu'on sonne, — dis-je fièrement à Thérèse et à Sophie.

Elles buvaient en des gobelets d'argent; on m'avait donné un verre à pied. Quand on eut fini, elles plièrent leurs serviettes et les passèrent, roulées, en des cercles d'ivoire. J'aurais voulu faire comme ellés, rester là, ne plus les quitter. Nous étions devenus amis, d'une de ces brusques amitiés d'enfant qui ont tout de l'amour, même l'oubli qui les suit.

Le jardin rayonnait au soleil de midi. Sur la pelouse, un jet d'arrosage tournait; un arc-en-ciel tremblait dans sa pluie étincelante qui retombait en pierreries fluides. Les paons dormaient au soleil; l'un d'eux se leva, étira son col chatoyant et fit la roue. Je battis des mains et ils s'enfuirent tous.

Nous cherchâmes l'ombre des arbres. Des pins qui s'y trouvaient mêlés feutraient l'allée d'aiguilles lisses. Les troncs rougeâtres semblaient brûler sourdement. Des rayons glissaient à travers les branches. Les moucherons s'y doraient en passant. Il faisait là une torpeur exquise.

La gouvernante s'assit, tassée et somnolente. Nous rôdâmes d'abord çà et là. Thérèse ramassait des pommes de pin. La résine collait à son tablier. Mes doigts se poissèrent aux écailles. Sophie monta dans le hamac. Ses petits pieds effleuraient la terre. Je sautai auprès d'elle et Thérèse nous rejoignit. Une corde attachée aidait à se balancer. Je la tirai lentement. Le hamac oscilla; j'accélérai; un peu d'air nous toucha au visage, délicatement. Nous étions serrés les uns aux autres. Nous allâmes plus haut, puis je laissai ralentir. C'était comme une descente en quelque chose de tiède et de tendre. La natte ébouriffée de Sophie me caressait l'oreille. Je repris la corde et je la tirai de toutes mes forces. Le hamac geignait sur ses anneaux de fer et tressaillait de soubresauts. Thérèse cacha sa tête dans mon cou.

Subitement, une à une, les cloches se remirent à sonner. C'était l'heure où le cortège sortait de l'église. Le branle nous arrivait, comme tinté lourdement par un bronze chaud, avec des éclats subits, des assourdissements longs. Un vent plus vif nous touchait au visage; parfois, nous atteignions la hauteur d'un rayon d'or oblique qui faisait blonds les cheveux châtains de Sophie et mordorait la brune chevelure de Thérèse, puis nous redescendions pour remonter encore, et instinctivement nous suivions l'élan aérien du rythme sonore et, dans une odeur de résine, de feuilles, de chanvre et de linge frais, parmi nos rires balancés que dominait parfois le rauque cri du paon invisible rouant au soleil, en une joyeuse ascension, au son des cloches lointaines, nous montions ainsi, mollement, indéfiniment, côte à côte, et joues contre joues.

LES PETITS MESSIEURS DE NÈVRES

A Marcel Schwob.

I

De Mme la Duchesse de Nèvres à Mme la Comtesse de Saint-Sabin, Chanoinesse du Chapitre de Poulangis.

Ma bonne sœur, tout ce que vous me dites de M. l'abbé Bautour me laisse penser qu'il convient en tous points à l'usage qu'en veut faire M. le duc. Envoyez-le-nous aussitôt que vous pourrez. Je me félicite encore de l'idée que j'ai eue de m'adresser à vous qui, mieux que personne, êtes capable de lire un caractère, d'en démêler les aptitudes, d'en avoir une vue nette et sage. Comme je vous envie cette liberté d'esprit qui vous place au centre des choses en un parfait équilibre et en posture de les discerner clairement! J'ai toujours admiré votre profonde connaissance des hommes. Elle ne tient pas seulement à votre état qui vous fait libre d'eux tous, mais aussi à la qualité d'un jugement exquis que vous portez partout et qui vous garantit contre les surprises du monde. Je n'ai rien en moi à vous comparer. J'ai toujours été dupe de mon sentiment, quitte à en reconnaître ensuite les erreurs, et je n'aurais pas voulu, en la matière dont il s'agit, régler un choix si délicat sans le soumettre à votre autorité. La grande idée que je me fais de la Religion m'a communiqué envers ses ministres un respect dont je ne me saurais départir jusqu'à décider en moi-même de leurs mérites. Celui de M. l'abbé Bautour me paraît d'autant plus assuré qu'il se fonde sur votre approbation. Mon mari entre de moitié dans mes sentiments et me charge de vous témoigner sa gratitude; vous y mettriez le comble en venant passer quelque temps en notre province. Nous n'en quittons guère le séjour et votre présence y apporterait un agrément particulier. Vous y trouveriez beaucoup de repos, un air salubre et bonne compagnie, et vous y pourriez aussi prendre les eaux, car il en coule de fort efficaces presque au bout du parc. Nous en avons aménagé la source qui filtre d'un rocher naturel et remplit la coupe que lui tend une Hébé de marbre. Venez en goûter la vertu, et, assises aux pieds de la jeunesse éternelle, nous y deviserons de la nôtre et du temps heureux où naquit entre nous cette invariable tendresse qui est le plaisir de ma vie et le premier bien de mon cœur.

II

De M. Bautour, prêtre, docteur en Sorbonne, à M. Le Tilleul, médecin de la Faculté de Paris.

Vous me demandez, Monsieur, d'ajouter quelques détails à ceux qui vous sont parvenus ici du funeste accident qui est arrivé au fils de M. le duc. Vous avez plus droit que quiconque à être satisfait sur ce point, car, ayant vu naître M. le comte de Nèvres, il est juste que vous soyez instruit des circonstances malheureuses où il a trouvé la mort. Votre dévouement à l'illustre maison que nous servons tous deux vous rendra pénible le récit d'un événement qui l'atteint en ses plus belles espérances et, sans les anéantir complètement, les reporte sur une tête bien jeune et sujette à plus d'un risque. Cette noble famille frappée en sa fleur ne survit que dans le rejeton qui lui reste. C'est à lui que revient la charge d'en continuer le nom et d'en assurer la gloire. Il en est à présent l'unique support. Puisse le Seigneur nous rendre en M. le chevalier ce que nous avons perdu en M. le comte, le spectacle de toutes les perfections, la promesse des plus grandes destinées !

Lorsque M. le duc, sur l'avis de M.me la

chanoinesse de Saint-Sabin, m'appela à diriger l'éducation de son fils aîné, et qu'après avoir imploré le secours des lumières divines j'en acceptai la tâche difficile sans en prévoir l'issue funeste, je partis sur l'heure pour la terre de Bellesfeuilles où résidait M. le duc de Nèvres. Il s'y retirait avant l'été et n'en sortait qu'aux fins de l'hiver. L'intervalle se passait à la ville, où M. le duc expédiait alors les affaires de son gouvernement, présidait l'assemblée, pourvoyait aux cas en suspens. Ce court espace suffisait aux devoirs de sa charge qu'il remplissait avec beaucoup de soin et une grande exactitude. Nulle province mieux ordonnée que la sienne. Chacun, à vrai dire, tremblait devant lui et le subissait sans réplique,

Les impôts rentraient aux caisses avec régularité. Les corvées s'accomplissaient comme d'elles-mêmes. La maréchaussée et le guet faisaient merveilles par les rues et les routes. Les vagabonds et les croquants se tenaient à bonne distance et n'avaient garde de se hasarder à une justice qui ne leur eût point marchandé les menottes ou la potence. Aussi les bourgs et les villages vivaient-ils en paix. Chacun se faisait petit devant un aussi grand caractère que celui de M. le duc. On saluait bas son carrosse et personne ne se fût avisé d'y mettre bâton à la roue.

Mme la chanoinesse de Saint-Sabin m'avait instruit de ces particularités et m'avait engagé à répondre par une prompte venue au choix qu'on faisait de moi. Si mon habit me mettait hors d'atteinte des boutades de M. de Nèvres, mon emploi me soumettait à son désir et il valait mieux le prévenir qu'y tarder. La moindre hésitation à s'y rendre produisait en lui de brusques soubresauts dont les contrecoups se sentaient rudement.

L'aspect même de M. le duc, comme vous savez, avertit des dangers de sa nature. C'est toujours un assez gros homme, de forte carrure et de haute prestance. Son visage osseux et sanguin ressort dans une ample perruque grise. Il a la jambe fine et la main belle, une grande aisance de manières et une exacte politesse, et ce noble équilibre ne se rompt que par des colères subites dont l'éclat retentit d'âpres jurements dont il poursuit, la canne levée, ceux qui les ont provoqués. Si la qualité des coupables le force à modérer les mouvements de sa bile, l'irritation que lui cause cette retenue donne à son mécontentement une durée singulière ; de brutal il devient rancunier, et on n'y perd rien. Un grand luxe est répandu sur ses habits. Il l'étend à son logis, à sa table, à ses équipages, qu'il veut fort magnifiques en tout. Aussi ses grandes dépenses à la cour avaient-elles dérangé sa fortune. Il en fait encore une fort considérable en sa province, où il s'est retiré avec l'assentiment du roi pour y restaurer son bien en en modérant l'emploi. Ainsi diminué, l'état de sa maison, tout en restant conforme à son rang, l'est moins à ses goûts, qui sont fastueux à l'excès.

Mme la duchesse, par contre, vit fort simplement. Sa beauté, qui a été étincelante, brille encore d'un doux reflet. Elle use moins de sa figure et de son port pour éblouir que pour charmer. La première fleur de son visage est passée, mais il sort de sa personne un parfum de grâce qui ne passera pas, car le principe en est dans le bien d'une âme pure. L'ajustement de Mme de Nèvres témoigne d'un souci délicat de donner au siècle un exemple de réserve et de dignité. Sa conversation est mesurée, son maintien modeste et noble. On y sent l'usage du plus grand monde et la pratique des vertus. Son mérite domestique est admirable. Les orages de M. le duc la battent de leurs secousses. Elle les subit avec résignation. Sa fidélité à ses devoirs d'épouse la soumet à son mari corps et âme. Il use de tous deux, mettant l'un à l'épreuve de son humeur, l'autre au service de son instinct. L'âge n'y a rien changé.

Très porté au goût des femmes et les voulant toutes trouver en la sienne, il y est terriblement assidu. Il l'a beaucoup aimée et continue à l'aimer beaucoup pour la secrète mortification de la pauvre dame, confondue de la persévérance de cette ardeur que rien n'a lassée, pas même un usage de quinze années, la nuit et souvent le jour, quand l'envie lui en prend et cela plus d'une fois presque au vu et su de tous et, je puis dire, presque sous mes yeux, si j'en juge par les fâcheuses postures où il m'arriva de les surprendre, sans que M. le duc s'en embarrassât le moins du monde.

Quant à elle, elle gémit qu'il ne se fatigue pas d'avoir plaisir à son corps et d'en tirer parti, non content d'en avoir produit les deux fils qu'il faut au maintien d'une maison, l'un pour en soutenir le nom, l'autre pour l'étayer au cas où l'aîné viendrait à manquer, soit par quelque infirmité naturelle, soit par quelque circonstance fortuite.

C'était pour aider M. le comte à porter dignement le fardeau d'un si beau devoir que j'étais mandé auprès de lui. J'avais fort à cœur cette entreprise où je comptais acquérir grand honneur au regard de Dieu et des hommes, et je brûlais d'être en présence de mon jeune élève. Durant le voyage, je méditais mes devoirs envers lui et je tentais d'imaginer comment il pourrait bien être et quelles ressources je trouverais dans son esprit et dans son cœur, mais le hasard voulut que je fisse d'abord la connaissance de M. le chevalier, et d'une façon assez singulière et imprévue pour que je vous la rapporte en son détail.

Le chemin de Paris à Landal est assez long, mais l'heureuse saison d'un bel été, le bon état des routes, l'exactitude des relais nous le firent parcourir en cinq jours sans incident remarquable. La cuisine des auberges où nous passâmes eût valu qu'on s'y arrêtât. Tout le long de la route j'ai été vivement frappé de la mine de prospérité qu'offre le royaume ; j'y ai senti les bienfaits d'un grand règne. Puisse Dieu nous conserver longtemps un Roi dont la grandeur prend soin des petitesses du bonheur de chacun et de mêler à sa gloire les bénédictions de tout un peuple ! De Landal, où je pris quelque repos, je prévins M. le duc de mon arrivée à sa terre de Bellesfeuilles où je devais me présenter le lendemain dans l'après-midi, ayant disposé mon départ pour le matin.

Mon bagage chargé à l'arrière d'une charrette que conduisait un voiturier, nous partîmes au trot d'un vieux cheval. Je lisais mes heures et le chemin passait quand, à une montée, je fus tiré de ma rêverie par la voix du conducteur qui me montrait du bout de son fouet les hautes toitures de Bellesfeuilles qu'on apercevait au loin. J'en regardais l'aspect quand tout à coup, des bords de la route, tomba sur nous une grêle de pierres. L'attaque fut si brusque que j'y perdis mon bréviaire, à la grande joie d'une bande de vauriens qui criaient en gesticulant et sans cesser de nous lapider. C'étaient des petits fripons de huit ou dix ans, rougeauds et déguenillés, postés là au passage, et qui apportaient à leur jeu une adresse redoutable. L'un deux contrastait singulièrement avec ses camarades. Il était accoutré d'habits fort riches, mais en lambeaux, dont les galons d'or pendaient. Ses bas lui tombaient sur les talons ; la plume de son chapeau était cassée et il traînait derrière lui une longue épée. Sa figure riait, barbouillée de mûres, et, les jambes écartées, les bras en l'air, il semblait commander l'échauffourée. Un caillou pointu qu'il lança avec roideur atteignit le vieux cheval essoufflé qui, du coup, partit au galop, poursuivi par les huées des jeunes vauriens. La descente était rude et nous risquions de nous rompre le cou. Je me cramponnai de mon mieux et ce ne fut qu'au bas de la côte que je pus rajuster ma perruque et apprendre que ce jeune maraudeur n'était autre que M. le chevalier.

Cette rencontre me donna à réfléchir. Ma tâche m'apparut fort délicate pour peu que je dusse retrouver en M. le comte cette ardeur belliqueuse dont je venais d'éprouver en son frère le précoce effet et qui, certes, indice d'un noble sang, avait de quoi me causer plus d'un tracas.

Mme la duchesse me reçut avec beaucoup de bienveillance et M. le duc, qui m'avait introduit auprès d'elle, me proposa de faire, sans plus attendre, connaissance de mon Télémaque.

M. le comte était au manège. Mme la duchesse s'excusa de ne nous y pas accompagner sur le trouble que lui causait la vue de ces exercices violents et dont elle ne supportait le spectacle qu'avec tremblement. Elle se retira dans son oratoire et nous sortîmes dans les jardins. Ils étaient vastes et bien tenus. L'odeur des fleurs plantées s'y mêlait à celle des forêts qui étaient proches. M. le duc était plus chasseur que jardinier. Il préférait, si l'on peut dire, les boutoirs aux boutures, les ramures aux rameaux, et mettait au-dessus de tout le plaisir de forcer un cerf ou l'exploit de servir un sanglier.

Nous longeâmes l'orangerie et la pièce d'eau et nous traversâmes le jeu de paume pour arriver au manège découvert où s'exerçait M. le comte. C'était un grand espace sablé entre des vertugadins de gazon. Au centre, un écuyer, la chambrière à la main, dirigeait l'allure d'un gros cheval bai qui tournait autour de la piste tantôt au galop, tantôt au pas et que montait M. le comte à qui notre venue fit mettre pied à terre.

De loin, et avant de distinguer sa figure, je remarquai la petitesse de sa taille. Sa démarche était inégale, non qu'il boitât, mais ses jambes faibles semblaient avoir peine à le porter et sa hanche fléchissait légèrement; il était malingre de corps, une épaule plus haute que l'autre, mais d'un charmant visage, timide et doux et d'un teint de fille d'une délicate pâleur. Il tenait de ses longues mains maigres une cravache en tresse d'argent et paraissait si essoufflé qu'il avait peine à parler. Il bégayait, en outre. Je considérais sa chétive personne et je la comparais au puissant cheval d'où elle venait de descendre. On ramenait justement la bête aux écuries et elle passa près de nous. J'en admirai les proportions monumentales et la crinière divisée en petites nattes, mais j'imaginais mieux sur son dos un robuste seigneur de la sorte de M. de Nèvres qu'un mince adolescent de la tournure de son fils qui ne me paraissait nullement fait pour un pareil exercice et n'y avoir que peu de goût.

Son penchant, en effet, comme je l'appris assez vite, était plutôt indolent et pacifique. Il aimait les livres et montrait du langage un sens très fin et très naturel bien que sa difficulté à s'exprimer lui en rendît la pratique assez malaisée. Il joignait à une prompte vivacité d'intelligence une aimable douceur d'esprit, beaucoup de raison même, le désir de savoir et une curiosité sincère des choses de la religion et de l'histoire. Cette belle nature se parachevait d'une patiente docilité.

Il lui en fallait pour supporter l'humeur de M. le duc. Elle se manifestait âpre et bougonne à le voir ainsi chétif et mal venu. Il détestait en ce corps débile une injure permanente à ses espérances, un obstacle à ses visées, et il enrageait de ce contre-temps qui narguait son orgueil. Fier d'avoir mené haut sa maison, il en aurait voulu transmettre les titres à qui eût pu en augmenter l'éclat et poursuivre cette grande tâche héréditaire dont il avait été l'ouvrier le plus acharné. En homme d'expérience il savait l'avantage, pour une pareille besogne, d'un corps vigoureux. L'âme y est plus à l'aise et y prend des moyens d'agir; sans compter que maintes fois l'aspect seul de la force dispense d'en faire usage. Rien, mieux qu'elle, non plus, ne nous préserve des méchants ; elle nous permet même de gagner sur eux, car la fortune, en les comblant d'ordinaire outre mesure, fait d'eux la juste pâture de nos légitimes reprises.

Ces considérations poussaient M. le duc à ne rien négliger pour faire de son fils l'outil de ses ambitions paternelles. Il allait jusqu'à forcer en lui la nature et cela, avec un entêtement aveugle, sans voir les dommages qu'il risquait de causer à ses espoirs et à ses projets.

Je ne doute pas qu'une pareille éducation, toute virile et énergique, eût porté de beaux fruits si elle ne se fût point attaquée à un tempérament si éloigné de tout ce qu'elle exigeait de lui. Elle n'avait pas où se prendre. Le corps et l'âme n'y étaient point et se dérobaient par une fuite continuelle. On gagnait peu à les vouloir contraindre ainsi. Ce qui n'était au début qu'éloignement devint vite répugnance. Il ne fallait rien moins que l'exigence de M. le duc pour plier une disposition si contraire. Tout en M. le comte était rebelle malgré lui. Sa naissance lui avait donné une âme timide dans un corps débile et M. le duc s'acharnait à vouloir fortifier l'une et l'autre. Par des exercices violents, il s'efforçait de durcir cette chair délicate, de refaire ces os flexibles, d'enrichir ce sang pauvre, d'aiguiser un appétit toujours médiocre. Nourri, à contre cœur, de fortes viandes, abreuvé de vins pétillants, sollicité d'épices, l'estomac restait inerte ou devenait capricieux, mais sans profit pour le bien général du corps qui s'obstinait malingre et déjeté, sans croissance et rachitique.

On poussait l'homme avant l'âge en M. le comte. Il demeurait froid et indifférent et, quoique en état d'éprouver des désirs, il n'en ressentait aucun. Les chambrières de Mme la duchesse y perdirent leur peine, quelque hardiesse qu'elles missent, assurées de l'assentiment secret de M. le duc, à encourager toute privauté qui eût pu être un indice en M. le comte de quelque penchant à la galanterie. Ni les gorges complaisamment découvertes, ni les jupes coquettement troussées, ni aucune des petites grâces par lesquelles les femmes ont coutume d'attirer l'attention sur leurs charmes, n'émurent les regards de ce jeune Hippolyte.

Les fatigues du cheval et de la chasse l'accablaient également. On lui imposait le supplice de la forêt et du manège, mais, au lieu de lui en faciliter la pratique, on la lui rendait odieuse. On lui réservait les chevaux les plus fougueux, et c'est sans haleine, les membres rompus qu'il arrivait à l'hallali du cerf ou au combat du sanglier.

Entre temps, il restait peu d'heures pour l'étude. M. le comte y montrait des dispositions surprenantes, mais des jours entiers se passaient sans qu'il eût le loisir d'y donner cours. Ma tâche se réduisait presque à rien, écourtée et intermittente, sans action fixe et sujette aux hasards des cavalcades et des laisser-courre. A peine le livre ouvert, on nous interrompait. Il fallait sauter en selle ou emboucher la trompe. A cela M. le duc ne voulait entendre aucune raison. J'essayai de lui représenter respectueusement le danger d'aller ainsi à contre-sens. Les durs sourcils se fronçaient à mon discours, la bouche grimaçait un sourire dédaigneux, les bottes éperonnées frappaient la dalle du talon. A ces signes d'impatience, je me taisais pour continuer à part moi le raisonnement.

Mme la duchesse entrait dans mes vues et les soutenait, mais son appui restait inefficace à rompre l'entêtement de son mari, qui demeurait intraitable. Le mal empirait de jour en jour par des signes auxquels M. le duc restait aveugle. Le funeste régime où M. le comte était soumis eût averti le moins avisé qu'il était temps d'y mettre un terme, mais M. de Nèvres redoublait les nourritures substantielles, les chevaux rétifs, les courses plus longues. A l'équitation on ajouta la voltige, et c'était pitié de voir M. le comte y risquer ses faibles os. Il en revenait couvert de sueur et de poussière, hébété et à demi-mort. Sa timidité augmentait à mesure qu'on exigeait d'elle ce que la hardiesse la plus déterminée eût eu peine à fournir. Il marchait l'échine courbée et la tête furtive. Le moindre bruit le faisait sursauter. Il vivait en une sorte d'appréhension maladive et en une grande mélancolie.

Je songeais tristement à tout cela dans les allées du jardin où j'avais coutume de me promener. Elles étaient peu sûres. M. le chevalier les infestait de sa présence. Toujours accompagné d'une bande de polissons de son âge, il n'était de vilains tours dont ils ne fussent capables. Ils pillaient les vergers et troublaient les basses-cours, remplissaient le village où ils s'échappaient de cris et de coups. Les jours de chasse, en l'absence de M. le duc, ils envahissaient le parc et se répandaient dans les jardins. Mme la duchesse, épouvantée, regardait de sa fenêtre les petits bandits qui se bousculaient, jetaient des pierres, poursuivaient les paons, faisaient mille tapages d'où M. le chevalier ne rentrait guère sans écorchures et sans horions, les cheveux en broussaille, la figure saignante, les mains terreuses, sentant l'écurie et le haillon. M. le duc fermait les yeux sur ces désordres, trouvant sans doute qu'ils servaient ses desseins, et, l'âge venu, trouveraient leur emploi aux aventures périlleuses qui sont le lot naturel des cadets de famille dont tout le devoir est de contribuer à l'illustration indirecte de leur maison et à qui n'incombe pas le soin d'en assurer la descendance et d'en perpétuer la suite. M. le chevalier sévissait donc en paix, M. le duc complaisant, Mme la duchesse terrifiée.

Quand il dormait, elle prenait à son repos le courage d'aller le contempler. Elle écartait les rideaux et se penchait sur son lit. L'enfant couchait nu sur les draps, musclé déjà comme un petit Hercule et ronflant comme un homme. On eût dit que tout le mouvement du jour animait encore son sommeil. Il dormait les poings fermés.

M. le comte reposait d'un sommeil trouble et inquiet, agité de rêves. Parfois même il se levait la nuit et venait jusqu'à ma chambre comme un fantôme, dont il avait la maigreur. Il semblait fuir des pensées douloureuses. Je le reconduisais doucement à sa couche sans le réveiller.

Nous le fûmes tous un matin par un brusque concert de cors qui nous mit debout à l'aube. C'était l'ouverture des grandes chasses d'automne. M. le duc en fêtait le retour chaque année par de nombreuses assemblées. Le château, plusieurs jours à l'avance, se remplissait d'hôtes de marque. On se préparait à découpler les chiens à la suite des sangliers et des cerfs. Leurs fumées soigneusement relevées avertissaient de leur présence. Les meutes aboyaient au chenil, les chevaux piaffaient aux écuries.

Le matin attendu était arrivé. Les cors sonnaient dans la cour d'honneur et les chasseurs ne tardèrent pas à paraître au perron. M. le duc sortit le premier. Il portait un grand habit rouge brodé d'argent, avec la trompe en sautoir, un large tricorne à ganse d'or sur sa perruque grise. M. le comte l'accompagnait, et le reste de la compagnie vint ensuite. Les dames en cornettes de nuit se penchaient aux fenêtres pour voir partir l'équipage. Quelques-unes suivaient la chasse. Elles furent en selle les premières. C'était un fort beau spectacle, galant et pompeux. Une dernière fanfare sonna le départ, si forte et si âpre que le genet de M. le comte prit peur et se cabra. Je le crus à bas ; il n'en fut rien, mais il perdit les étriers et ce fut retenu des deux mains à la crinière et presque désarçonné qu'il prit le galop et passa la grille avec les autres.

Un grand silence suivit ce tumulte. Les croisées se refermèrent une à une et on n'entendit plus que les cris séditieux de M. le chevalier qu'il avait fallu retirer d'entre les pieds des chevaux et qui se débattait aux mains de deux valets chargés de le maintenir et contre qui il portait de grands coups de tête, exaspéré de la violence qu'on lui faisait et écumant en sa petite rage.

Hors cela, la journée se passa assez tranquille. Les dames se réunirent aux jardins et s'y divertirent, tant aux jeux des bagues qu'aux plaisirs de la conversation. J'eus l'honneur, m'étant mêlé à elles, d'en entretenir quelques-unes et particulièrement Mme la duchesse qui voulait bien goûter mes propos et avoir mes avis en maintes choses, dont quelques-unes fort délicates où parfois elle réclamait le secours de mes conseils. Souvent l'entretien prenait un tour tout à fait intime. Elle me soumettait ses scrupules au sujet de M. le duc dont l'importunité amoureuse ne souffrait pas de refus. Je tâchai de la rassurer et d'étendre le plus possible la limite de ses devoirs ; je calmai ses soucis d'épouse et ses transes de mère.

Elles étaient grandes. La santé de M. le comte en était la cause et elle ne se lassait pas d'y revenir. Elle m'en entretenait justement encore quand, le jour baissant, l'heure arriva que ces dames rentrassent ajuster leur parure pour le repas du soir qui devait avoir lieu au retour du vautrait. M. le duc déployait à ces festins une grande magnificence. Les fatigues de la chasse n'avaient prise sur ses membres, pas plus que celles de la table sur son estomac et son cerveau. Beaucoup résistaient moins bien à l'une et à l'autre, mais il tirait de ce spectacle un secret plaisir. Son appétit vigoureux et subtil n'estimait pas moins la quantité que la finesse. Il aimait ce divertissement de bouche. Il se réjouissait pour goûter l'arôme des vins, la succulence des mets, la saveur des épices, de la présence de femmes richement parées. La vue de leurs atours complétait la joie matérielle qu'il prenait à vivre et Mme la duchesse en terminait l'ébat à ses dépens.

Ma sobriété naturelle et mon habit m'éloignaient de ces fêtes ; M. le duc m'en dispensait, disant qu'une ode d'Horace suffisait à ma gourmandise et que je préférais le Falerne du poète en son amphore d'argile aux crus de sa cave en leurs bouteilles de verre.

Je continuais donc à me promener par

les jardins, qui étaient délicieux au crépuscule. J'agitais des pensées diverses. L'eau des bassins était belle et sombre et je m'égarai assez loin, si bien que la nuit était venue quand je pris le parti de revenir vers le château.

Les grandes fenêtres brillaient illuminées et je pensais au plaisir de goûter, loin des grandeurs du monde, le petit repas de viandes, de fruits et de friandises que Mme la duchesse faisait monter dans mon appartement les jours de gala. Je gravis le perron et j'ouvris la porte du vestibule. Un spectacle inusité frappa ma vue. La vaste galerie était pleine de monde et il en sortait un bourdonnement de voix basses. Une sorte d'agitation muette mêlait des groupes singuliers.

Des valets de chasse à bottes boueuses coudoyaient des seigneurs galonnés.

Quelques paysans se tenaient debout, les bras ballants ou joignant leurs mains rugueuses avec des gestes d'épouvante. On se pressait, il faisait chaud. Un vieil homme qui avait retiré sa perruque essuyait son crâne chauve. Tous se poussaient vers la porte de la salle à manger grand ouverte et qu'ils obstruaient de leur masse. Deux marmitons, montés des cuisines, se haussaient sur un escabeau pour mieux voir. Le long de l'escalier des femmes se penchaient sur la rampe, à demi ajustées, le corsage ouvert, laissant pendre ses lacets de soie; quelques-unes en linge, d'autres les épaules nues, celle-ci en jupon, celle-là, décoiffée, qui tenait à la main son petit soulier doré, toutes en désordre, précipitées là, au point de leur toilette interrompue. Parfois il se faisait un grand silence. Tous les signes d'un grand malheur étaient épars sur les visages.

Je profitai d'un écart causé par la sortie d'un valet portant un linge sanglant pour pénétrer dans la salle à manger. Le couvert était dressé sur la table étincelante. Les hauts candélabres répandaient une vive lumière sur les cristaux et les argenteries. On y respirait une odeur confondue de cires brûlantes, de viandes servies, de fruits, de cuir échauffé, de sueur de cheval.

A un bout de la table, sur la nappe et parmi le service renversé, M. le comte était étendu inanimé. Le médecin du château penché sur sa petite figure pâle avait mis à nu son corps maigre. Sa poitrine osseuse et étroite bombait et, au flanc, près des côtes, une plaie saignait. Le sang, de la nappe rougie, tombait en gouttes sur les dalles.

Devant ce lamentable spectacle, M. le duc était debout, nu-tête, et Mme la duchesse à genoux. Ses beaux cheveux inondaient sa gorge. L'accident l'avait surprise à demi nue et elle était accourue telle quelle en chemise et elle ne cessait de pleurer.

Je compris à un geste du médecin toute l'étendue du malheur. Son oreille penchée sur la poitrine moribonde se releva. La plaie cessa de saigner. Un frisson parcourut la chair décolorée. Les paupières baissées s'ouvrirent toutes grandes et les yeux vitreux regardèrent sans voir. La main étendue au hasard rencontra un fruit qui avait roulé jusqu'à elle d'une jatte renversée et y crispa ses doigts. Les ongles firent jaillir le jus.

M. le comte venait de trépasser.

Chacun se taisait et je regardais au mur un grand tableau qui y était pendu et où était peint, dans un paysage, un sanglier bourru décousant de son boutoir un Adonis adolescent.

Telle fut la fin tragique de ce jeune homme et ainsi tomba l'espoir d'une illustre maison. M. le duc n'a rien laissé paraître en ses paroles de sa douleur, mais le changement de son visage la dit mieux que les plus vives lamentations. Il est impossible qu'il ne s'impute point une part de ce terrible malheur. S'il avait laissé M. le comte suivre son gré qui était pacifique et méditatif comme l'ordonnaient les dispositions de son corps qui, encore que délicat et chétif, eût suffi à une existence mesurée, nous n'aurions pas à déplorer cette perte irréparable dont Mme la duchesse a ressenti l'amertume avec toutes les marques du plus grand désespoir. M. le chevalier lui-même s'est montré comme stupéfait de cette mort, mais bientôt il a repris ses divertissements accoutumés dont l'un même causa une vive alerte, car, ayant voulu chevaucher un des sphinx de bronze qui sont au bord de la pièce d'eau, il en glissa et y tomba, au grand danger de s'y noyer si on ne l'eût tiré à temps de ce mauvais pas. Cet avertissement semble avoir beaucoup affecté M. le duc. Le séjour des champs et les libertés qu'il comporte facilitent en M. le chevalier cette dangereuse pente où le précipite le torrent de sa nature qui est tempétueuse, brusque et furieuse. M. de Nèvres a senti qu'il importait de surveiller étroitement cette difficile croissance ler il a pensé que le séjour de Paris serait plus favorable à ses projets. Aussi vient-il de traiter pour son gouvernement de la province et se prépare-t-il à reparaître à la Cour, si le Roi lui veut bien continuer ses bontés ou retourner vivre privément dans son hôtel de la rue Beautreillis, dont la clôture bornera les ébats de M. le chevalier à la jouissance d'un quinconce et à l'usage d'un boulingrin.

Quant à moi, la paix des champs m'a donné des idées de retraite. L'oraison funèbre que je fis de M. le comte de Nèvres dans l'église de Landal a attiré sur moi l'attention de notre Évêque qui, pour m'attacher à lui, m'a offert un canonicat. J'y trouverai de grands loisirs et des occupations réglées. Ma vie s'y bornera, et il ne me reste qu'à louer Dieu du tour qu'elle a prise. Les vêpres sonnent. Ma journée aussi va sur son déclin. Le soleil est oblique sur la campagne. J'en fréquente les chemins. Ils conduisent mes pas; tout en marchant, je réfléchis et j'herborise. J'y satisfais ce goût commun des simples qui jadis nous lia d'amitié ; mais je n'en connais que les noms et les couleurs, tandis que vous savez en appliquer aux corps les effets bienfaisants et les vertus curatives.

III

De M. le Tilleul, médecin de la Faculté de Paris, à M. Bautour, Chanoine de l'église collégiale de Landal.

J'ai tardé à vous remercier de votre lettre, monsieur le Chanoine, et je suis heureux d'avoir différé d'y répondre, car j'y puis joindre le compliment qu'il y a à vous faire du canonicat dont vous a pourvu M. de Landal. La nouvelle m'en parvient juste comme je vous écris. Ce poste se devait à votre science et à votre vertu. Je les connaissais de longtemps, mais, si persuadé que j'en fusse, je prends plaisir à les entendre célébrer. L'occasion ne m'en manque point, car Mme la duchesse de Nèvres ne tarit pas d'éloges à votre endroit. J'ai été appelé auprès d'elle peu après son arrivée à Paris, car les fâcheux événements dont vous m'avez fait le récit, s'ils ont atteint l'âme, n'ont pas non plus ménagé le corps.

J'y ai trouvé une extrême faiblesse que je tâche de combattre par des remèdes suivis, et je ne désespère pas qu'ils ne dissipent à la longue cette noire langueur où Mme la duchesse s'est laissé tomber et que ne contribue pas à distraire l'humeur hypocondriaque de M. le duc. La perte cruelle qu'il a faite en la personne de son fils aîné en est le principe douloureux. Il la ressent âprement et s'en est ouvert à moi en toute franchise. Il souffre fort de voir sa lignée réduite à une seule tige aussi rugueuse et renflée de nœuds que la première était mince et fragile.

M. le chevalier est encore un enfant et son âge est loin de sa maturité. Il bouillonne en lui une sève étrange. Cette particularité n'a point échappé à M. le duc qui m'a confié le soin de cette santé précieuse et la charge d'en surveiller la poussée et d'en régler la culture.

Il fallait au plus tôt aviser aux moyens de tempérer cette ardeur de sang où M. le duc voit un risque perpétuel. Certes, vous m'avez dépeint M. le chevalier comme un assez rude garnement, mais sa conduite a dépassé ce que votre lettre avait pu m'en laisser prévoir.

Avant d'agir efficacement sur cette nature, n'était-il pas raisonnable d'examiner à fond la constitution de notre sujet, afin de déterminer la route à suivre et d'établir le régime où il serait utile de le soumettre ? Ainsi fis-je, et, le jour pris, je demandai à M. le duc de m'adjoindre, à son gré, quelques-uns de mes confrères, dont les lumières pussent renforcer ou combattre les miennes, afin qu'il trouvât dans nos débats mêmes la raison de sa confiance, et qu'une fois le choix fait de l'un de nous il s'y tînt fermement. M. le duc acquiesça à ma demande et sans me rien dire, au contraire de ce que j'attendais, sur qui il comptait appeler, fixa notre congrès au lendemain.

A l'heure dite, comme avant de franchir la porte de l'hôtel de Nèvres, je tournais la tête à un bruit de roues, je vis s'avancer le carrosse de M. Lobau.

M. Lobau n'est pas homme de mon acabit ni médecin de ma confrérie. Ses doctrines ne me vont guère; il est fort épris de nouveautés et les plus scabreuses ne lui répugnent pas. En outre, il affecte des airs à la mode, semble craindre d'être pris pour un de notre profession. On le dirait aussi bien maître à danser que maître à guérir, et la pochette lui siérait mieux que la trousse. Il porte manchettes de dentelles. Son habit gris à boutons de brillants me déplut dès l'abord et je lui eusse volontiers tourné le dos quand il descendit de son bon carrosse. Nous en étions là quand M. Dubon sortit de sa chaise que les porteurs rangeaient le long du trottoir. Il serait difficile de ne pas estimer l'art de M. Dubon et la rapidité de sa main, mais sa chirurgie fait tort à sa médecine et je préfère son adresse à son diagnostic. La recherche patiente, l'investigation minutieuse l'intéressent peu. C'est un héros. Il ne pratique guère les sages lenteurs du siège, les travaux d'approche par lesquels on circonvient le mal. Il est homme de surprises et de coups de mains. Il donne tout de suite l'assaut. Aussi ses réussites sont-elles brusques et ses échecs éclatants. Toute sa personne présente je ne sais quoi de prompt et de militaire. On s'attendrait à le voir pratiquer en cuirasse. Quand il parle il a l'air de commander. Je me sentais déjà d'avance tout rétif contre ce que ces messieurs pourraient dire et je pensais que la partie serait dure entre M. Lobau, lui et moi, quand je vis, avec une allégresse intérieure que rien ne saurait rendre, venir au bout de la rue mon illustre maître lui-même, l'auguste et vénérable M. Verduret. Il est la médecine en personne. Vous connaissez son respect des saines traditions, son antique savoir, son inébranlable constance aux principes de la Faculté. Sa vieillesse verte encore a gardé en tout la pratique des vieux usages. A l'ancienne mode il parcourt la ville, monté sur sa mule et revêtu de sa robe. On le connaît partout où il passe et il salue de son bonnet carré. Ainsi fit-il pour chacun de nous, et ce fut à sa suite que nous pénétrâmes dans l'hôtel de Nèvres, accompagnés de deux apothicaires que j'avais mandés pour renforcer notre docte cortège.

On nous mena droit à une grande salle où nous prîmes place autour d'une table, assis en de larges fauteuils. M. Verduret posa devant lui son bonnet carré et se coiffa d'un petit serre-tête de soie noire.

M. le duc entrant, nous nous levâmes. Je crus remarquer que mon maintien décent et l'aspect vénérable de M. Verduret l'impressionnaient plus favorablement que les grâces mondaines de M. Lobau et le port militaire de M. Dubon. Ces messieurs représentaient assez mal à ses yeux l'idée qu'il s'était faite des princes de la science de ce temps et notre mise et nos façons semblaient mieux répondre à son attente. Quand il nous eut mis au courant de ses craintes et qu'il nous eut exposé le secours qu'il réclamait de nos lumières, répété combien la vie et la santé de M. le chevalier étaient désormais précieuses et combien il importait de leur donner une sage direction, qu'il se fut appesanti sur sa qualité d'héritier unique d'où dépendait l'avenir d'une grande maison, qu'il se fut plaint de cette circonstance à laquelle Mme la duchesse pourrait encore remédier en lui donnant un puîné, ce à quoi il tâchait, mais qu'en attendant il importait d'assurer en M. le chevalier ce que sa nature lui avait fourni de bonnes dispositions à vivre, après tout cela, dont l'exposé nous tint longtemps à l'écouter, il ordonna qu'on introduisît.

Depuis quelques instants déjà un gros murmure s'entendait derrière la porte comme si l'on s'y querellait, et M. le chevalier parut. Il avait alors onze ans environ, mais on lui en eût compté davantage, tant il était formé, de taille avantageuse et de complexion robuste. Ce que nous vîmes mieux encore en le déshabillant pour l'examiner, car nous lui trouvâmes les membres bien attachés et tout le corps de bonne habitude. M. le chevalier se prêta d'assez bonne grâce à ce que nous voulûmes de lui. D'ailleurs, le costume de M. Verduret, son aspect vénérable, sa figure jaunie, semblaient lui causer un grand étonnement que j'attribuais au respect involontaire que l'appareil de la science impose aux plus ignorants. Il ne cessait de regarder la longue robe, les manches pendantes, le rabat de linge, les bésicles de corne et surtout le serre-tête de soie noire. Du bout du doigt il touchait le bonnet carré. Je profitais de sa patience pour écouter, l'oreille à son dos et à sa poitrine, le mouvement de ses organes intérieurs. Cela fait, nous le fîmes monter sur la table pour mieux reconnaître sa stature et l'architecture de son corps.

Sur un signe de M. Verduret, un des

apothicaires s'approcha. Il tenait à la main une cornue de verre transparent où M. Verduret sollicita M. le chevalier de vouloir bien uriner. A cela rien ne le put résoudre, ni le commandement de M. le duc, ni aucune de nos instances. Il se tenait immobile, muet et irrité. Tout à coup il se ravisa et déclara fort poliment qu'il ne pisserait point qu'on ne le coiffât du bonnet carré de M. Verduret et qu'on ne lui en chaussât les bésicles. Force fut d'en passer par où il voulait et il nous rendit notre complaisance. L'ampoule de verre commençait à s'emplir de belle urine, quand, d'un mouvement brusque, il se dégagea et d'un jet vigoureux, lancé en plein visage de M. Verduret, lui obscurcit la vue au point qu'il laissa tomber le vaisseau qui se rompit, et en même temps avec un grand rire, le polisson sautait d'un bond sur le plancher et, évitant les apothicaires qui gardaient la porte, il s'échappait, tout nu, les bésicles au nez, et bonnet en tête.

Quand nous eûmes séché les éclaboussures de cette politesse et que nous nous fûmes rassis autour de la table, M. Lobau se leva pour dire son avis : « Monsieur le duc, commença-t-il, l'examen que nous venons de faire de M. le chevalier me réjouit infiniment et vous avez tout lieu d'en tirer une grande satisfaction. Nul enfant ne me semble plus sain et plus dispos et même plus gaillard, si j'en juge par le trait sur lequel il nous a faussé compagnie. Ce sont d'excellentes et belles dispositions qu'il faut laisser à la nature le soin de mener à bien au moyen de l'âge qui apportera son tribut de croissance et de force à une si heureuse complexion. Les promesses de M. le chevalier passent l'ordinaire et mon avis est de s'en remettre à son tempérament sans prétendre en gouverner les caprices. J'estime qu'il a plu au ciel de destiner votre fils à une belle vie, en prodiguant à son enfance des ressources peu communes qui suffiront à en faire un homme de bonne prestance et de notable santé. »

Pendant le discours de M. Lobau, le vénérable M. Verduret ne cessait de me regarder. Je lisais dans son regard la joie goguenarde que lui causaient ces fadaises prétentieuses. La brusquerie de

M. Dubon mit le comble à notre muet divertissement quand il déclara de sa grosse voix qu'il n'avait rien à faire là, que M. le chevalier se portait le mieux du monde, qu'au lieu de le garder dans une étroite surveillance de tous les instants, il fallait le rendre à ses jeux dont il venait de nous donner un si bel échantillon, le laisser s'ébattre au grand air, ajoutant que si, dans ces exercices, il lui survenait de se rompre quelque membre ou de se blesser de quelque horion, il aiderait volontiers de son art à réparer les accrocs dus aux écarts d'un si beau naturel, que son métier n'était point de prévenir les événements du corps, mais d'en réparer les dégâts. « Donnez-moi, disait-il, une bonne entorse que je la réduise, une bonne plaie que je la ferme, quelque abcès bien gonflé que je l'ouvre. Mon secours est efficace. Je guéris les blessures du champ de bataille non moins que les infirmités de cabinet. Pas une esquille n'échappe à ma pince et, à travers les conduits les plus délicats, j'atteins la pierre qui les obstrue. Hors cela, Monsieur le duc, j'espère bien ne revoir M. le chevalier que lorsqu'il reviendra des camps avec quelque grosse balle de mousquet ou quelque éclat de grenade et je me porte fort en cette occasion de le remettre debout et en mesure de ne se point ménager pour l'honneur de sa maison et pour le service du Roi. »

M. Verduret, riant encore sous cape de ces balivernes, se leva à son tour. J'attendais ses paroles avec impatience, assuré que leur bon sens et leur autorité ne sauraient manquer d'effacer de l'esprit de M. le duc la fâcheuse impression qu'il avait ressentie à écouter MM. Lobau et Dubon. Mon attente ne fut pas déçue. Le discours de M. Verduret fut la revanche de la saine doctrine. Je jubilais d'entendre cette bouche vénérable. « Je ne suis pas, Monsieur le duc, disait M. Verduret de sa voix chevrotante, de l'avis de ces messieurs qui veulent qu'en les corps la nature agisse selon ses caprices, quitte à corriger par l'onguent ou le fer ses excès et ses bévues. J'estime une pareille réserve ou une pareille entremise fort périlleuse et qu'elle enlève à la médecine son plus bel attribut qui est de défendre le corps contre le corps même. La médecine n'est point seulement curative, elle est préventive. Loin de se laisser intimider par les intentions de la nature, elle doit, au besoin, s'y opposer et, loin de la suivre docilement en ses erreurs, y tenir la bride et les deviner par avance. La médecine n'est point une voisine complaisante qu'on appelle, si la maison brûle, en criant au feu. Elle doit s'asseoir à l'âtre même d'où l'étincelle peut sauter et communiquer l'incendie. Elle doit moins survenir que prévenir et pour cela être toujours présente. Son secours est d'autant plus utile qu'elle est déjà dans la place et en connaît tout le secret. Certes la nature s'est préparé en M. le chevalier une fort belle demeure et je la crois volontiers bien conditionnée, mais il faudrait, pour rendre l'habitation parfaite, y réformer certains usages, en mieux régler le mobilier et le service. Il y a en M. le chevalier un certain tumulte de corps. Telle salle regorge, tel couloir est obstrué, tel recoin méphitique. J'y voudrais établir beaucoup de propreté et de convenance. Il faudrait là un intendant habile et je n'en vois pas qui convienne mieux que l'honorable M. Le Tilleul, car ni M. Lobau, ni M. Dubon ne paraissent se prêter à ce que nous souhaitons d'eux. Quant à moi, mon édifice particulier chancelle trop sous les coups du temps et mon grand âge s'oppose à ce que je puisse compter sur assez de vie pour suivre celle de M. le chevalier jusqu'où il la faudrait mener.»

Ce discours plut visiblement à M. le duc ; il en complimenta fort M. Verduret, congédia assez froidement MM. Lobau et Dubon et me retint auprès de lui.

Il était temps que j'intervinsse dans la santé de M. le chevalier et je puis dire en vérité que, s'il atteint l'âge d'homme, il le devra à la façon vigoureuse et raisonnable dont je l'aurai médicamenté.

Je me trouvai en présence d'un corps précocement encombré d'humeurs contraires qui s'y livraient combat en tous sens et dont il était urgent de reprendre la fonction. Une intempérie naturelle y entretenait une dangereuse chaleur de sang dont il fallait à tout prix tempérer la surabondance, car il en résultait un dangereux excès de force, une nature fumante qui prédisposait M. le chevalier, pour l'avenir, aux plus grands embarras. J'en tirais l'augure des dispositions fougueuses de son caractère, de son besoin de mouvement et de cris, de son penchant à la colère. Il fallait, tout d'abord, éteindre et mortifier ce tempérament afin de gagner quelques chances de le diriger à mon gré. Je lui appliquai un régime suivi. Les apothicaires le visitèrent régulièrement et j'obtins par là que le ventre s'ouvrît de selles bouillonnantes et d'excréments assez mal figurés. Cela fait, je le rafraîchis de tisanes et de boissons émollientes et le fis dormir, au lit, très couvert. Il me donna des sueurs abondantes. Tout autre s'en fût trouvé considérablement affaibli, mais M. le chevalier resta indomptable. Je réitérai : je m'obstinai. Il résista. Cela durait assez pour que je commençasse, sinon à désespérer, du moins à m'irriter d'un corps si ingrat, et j'en arrivais à penser que quelque maladie infantile serait la bienvenue qui viendrait à mon aide et me remettrait M. le chevalier, si l'on peut dire, pieds et poing liés, qui abattrait d'elle-même en lui ce qui tardait trop à me céder, qui réduirait cette nature si prématurément coriace et si intraitablement récalcitrante.

Par bonheur, la saison fut molle et pluvieuse et il s'y développa beaucoup de contagions auxquelles l'âge de M. le chevalier le rend sujet, et sans espérer une petite vérole qui eût été à souhait, je pris quelque espoir au moins d'une rougeole qui pourrait à la rigueur nous en tenir lieu.

Mon souhait ne fut pas trompé et il se réalise en plein. M. le chevalier ressentit, il y a quelques jours, une violente douleur du cou et de la partie inférieure de l'épine du dos. La fièvre se montra et on lui tira du sang. La nuit fut inquiète et fâcheuse. Enfin les pustules viennent de paraître. Je tiens la maladie qu'il nous faut. Vous savez tout ce que j'en attends. Je n'ai pas résisté au plaisir de vous en faire part, heureux d'y trouver l'occasion de me dire, monsieur le Chanoine, votre très humble et obéissant serviteur.

IV

De Mme la Duchesse de Nèvres à Mme la Comtesse de Saint-Sabin, Chanoinesse du Chapitre de Poulangis.

Je voudrais, ma bonne sœur, entrer dans vos doléances et certes je vous plains grandement. Vous me dites que votre santé est médiocre et que la solitude en augmente les maux. Je voudrais être auprès de vous, comme votre amitié me fait l'honneur de le désirer, mais je doute que vous tiriez de moi les consolations que vous en imaginez. Ma tristesse ne vous serait que de peu de secours. Cherchez le vôtre plus haut. Dieu vous aidera à surmonter vos épreuves, qui m'a donné le courage de survivre aux miennes. Vous accusez de votre solitude l'état que vous avez choisi. Hélas! je vous envie. Votre abandon me semble enviable, il ne pleure personne et ce n'est que vous-même que vous regrettez. Moi je déplore une double perte et, depuis le funeste accident de M. le comte et la petite vérole de M. le chevalier, qui l'emporta si brusquement, je traîne une vie misérable. J'aurais désiré l'employer à votre gré, mais M. le duc verrait mon départ avec chagrin. Il ne s'y prêterait pas. Je lui dois mes derniers jours d'épouse. Bientôt l'âge fera de moi une compagne inutile à son espoir et je ne peux le priver d'aucune des chances que nous ayons encore de remplacer les deux fils que le ciel nous a enlevés et dont il peut nous rendre encore, sinon le regret moins amer, peut-être le dommage moins grand, par une naissance que j'appelle de tous mes vœux et à laquelle M le duc travaille de toutes ses forces.

LA CÔTE VERTE

A Paul Fort.

Il y avait deux chemins pour monter à la Côte Verte. Le plus long s'élevait insensiblement entre de beaux arbres; l'autre grimpait à l'arrière de la colline. J'en préférais la brusquerie abrupte et même, l'été, la chaleur pierreuse entre les ronces qui le bordaient de buissons poussiéreux. Il s'en exhalait une odeur de terre sèche et de feuilles chaudes. Nous montions. Je me retournais vers le vieux François qui me suivait en soufflant. Sa courte pipe expirait des fumées bleuâtres. Il avait une face usée, comme verdie du reflet des eaux maritimes, comme ridée aux brises du large. Deux annelets d'or scintillaient à ses oreilles poilues. Le chemin roidissait sa pente où déroulaient des cailloux et on se trouvait sur le plateau.

Un vent léger, pur et continuel, parcourait l'espace et soufflait en plein visage. Après la fatigue d'une montée au grand soleil, cette fraîcheur semblait délicieuse à la poitrine et bienfaisante aux paupières ; elle séchait mes cheveux à mes tempes mouillées. François s'essuyait le front de sa main calleuse. Nos pieds marchaient dans une herbe haute.

La prairie élevait son ondulation verdoyante jusqu'à une ligne de grands arbres où elle se terminait. C'est là que je retrouvais d'ordinaire mon petit ami

Anselme. La vieille Virginie l'y menait par l'autre route et nous passions là notre journée à jouer ensemble. François et Virginie s'étaient connus en des îles lointaines avant de passer au service de mon père et du père d'Anselme. De la plantation où elle récoltait les cannes, elle avait vu s'ancrer le navire où naviguait le beau François. Ils avaient dansé ensemble dans les chaudes nuits de musique et de rhum et, plus tard, le hasard s'amusa à les réunir sur ce coin de terre pour qu'ils nous conduisissent à la Côte Verte. Nous les voyions tout le jour assis l'un près de l'autre ; le madras perroquet et la cotonnade à pois de la quarteronne voisinaient avec le chapeau ciré et le caban de l'ancien gabier. La pipe de

François fumait bleuâtre comme un feu d'herbe au seuil d'une case.

Ces grands arbres qui les abritaient, poussés au bout de la prairie sur une sorte de tertre, étaient magnifiques, difformes et estropiés. Leurs racines noueuses portaient des troncs bizarres, fendus de crevasses, curieusement bifurqués. Leurs feuillages frémissaient continuellement d'un bruit léger où se mêlait parfois la plainte fatiguée d'une branche. Le craquement du bois et le frisson des feuilles s'unissaient en un seul murmure où l'on sentait comme l'étirement d'un corps et l'éparpillement d'une chevelure, je ne sais quoi de musculaire et de soyeux.

Au delà de ces arbres commençait un terrain dur et sec, couvert de mousses fauves et, par places, dorées. La falaise tombait à pic dans le flot. En s'approchant on l'entendait gronder sourdement en bas.

Notre grand plaisir était de nous faire conduire jusqu'à un bois de pins situé à quelque distance.

Ce lieu nous charmait d'un attrait particulier et nous y passions des journées délicieuses. On voyait la mer bleue à travers les troncs rouges. Nous ramassions des aiguilles, des résines et des pommes écailleuses ; nous tournions autour d'une petite chapelle de pierre grise qui s'élevait là. Un clocheton, pointu et à jour, abritait une cloche immobile et moussue dont le bronze verdâtre était de la couleur de la mer. A l'intérieur, les murs et la voûte reflétaient leur blancheur de sel dans la coquille du bénitier et semblaient à la longue en avoir donné à l'eau sainte l'amertume qui la conservait claire et incorruptible.

De la voûte, par des câbles goudronnés, pendaient en ex-votos de minuscules navires, frégates, vaisseaux, lougres et gabarres, barques de pêche, chasse-marées et brigantins, tous figurés avec une exactitude minutieuse qui nous ravissait et si nombreux que leurs vergues et leurs beauprés se touchaient presque. Il y en avait de très anciens, poudreux et vermoulus, d'autres peints de couleurs vives. Vus d'en bas, ils ressemblaient à des insectes par leurs coques rebondies, leurs luisants de scarabées, leurs antennes délicates, et cette flotille aérienne vivait d'une vie bizarre et fantastique. Certains viraient aux câbles qui les soutenaient. Combien durait leur imperceptible manœuvre, leur orientation mystérieuse en cet air parfumé de goudron, de cire, d'encens, liturgique et salin, où se glissait par la porte disjointe l'odeur insinuante des résines ?

Anselme et moi, nous avions, chacun, pendue au plafond de notre chambre d'enfant une grande mouette empaillée, les ailes ouvertes. Elle marquait, disait-on, le sens du vent. Nous étions trop jeunes pour y voir un emblème des destinées. Sa présence n'entendait qu'amuser nos yeux et ne prétendait certes point à avertir nos pensées. C'était un vieil usage d'ici. Les coutumes maritimes y gouvernaient les maisons.

Cette petite ville où nous sommes nés, à l'estuaire d'un fleuve, n'ouvrait guère son bassin qu'à quelques barques qui servaient pour passer d'une rive à l'autre. Entre elles l'espace d'eau était considérable. La mer salait l'onde douce que le fleuve lui apportait. Les rives étaient des rivages. L'herbe et l'algue se mélangeaient. Parfois la clarté de l'air semblait rapprocher les deux bords et nous distinguions en face de notre petite ville une grande cité qui apparaissait dans le lointain et disparaissait bientôt.

Quelquefois on nous y menait, et c'était avec joie que nous la voyions grandir à notre approche, étager ses maisons de pierre, allonger ses jetées et ses estacades, ouvrir son port à notre barque, parmi les grands vaisseaux à l'ancre. Nous admirions leur structure flottante comme nous nous étonnions du mouvement des quais et des rues. Une vie intense les animait. Les hangars regorgeaient ainsi que les boutiques plantureuses. Les cris se croisaient. Il y avait des singes en cages et des oiseaux sur des perchoirs. Les poissonneries luisantes valaient les entrepôts poudreux. Les écailles d'argent ruisselaient sur les pavés. On apercevait, dans une poussière d'or, travailler des hommes nus. Le poids des coffres et des sacs soulevés gonflait leurs muscles mouvants.

C'était un de ces lieux puissants où se

concentre l'énergie humaine et d'où elle se répand en grandes entreprises. Ceux qui les dirigeaient habitaient de vastes maisons aux portes battantes d'un va et vient continuel. Ils vivaient là, dans le calcul des hasards et l'attente des conjonctures, l'étude minutieuse des denrées et la supputation des chances ; leur activité patiente et hardie les faisait soucieux et pensifs ; la perte et le gain oscillaient aux plateaux des balances qui, debout sur les comptoirs, disaient l'échec ou la réussite à l'anxiété qui consultait leurs réponses. Par les fenêtres des vastes bureaux, ouvertes sur le port, on surveillait l'entrée ou la sortie des grands navires. Nous assistâmes parfois, Anselme et moi, à ces départs et à ces retours. L'ancre montait ou descendait, les porte-voix enflaient les ordres de la manœuvre, les signaux gesticulaient, les pilotes obéissaient aux vigies.

La richesse du monde aboutissait là ; mais, fluide et orageuse comme la mer même d'où elle était née, elle restait sujette aux sautes et aux bourrasques. Nulle part la Fortune ne se montrait plus instable. Les Sirènes dorées qui se cambraient aux proues en semblaient l'emblème périlleux. Elle avait des caprices et des perfidies, des facilités et des revirements. On eût dit que, marine, sa chevelure d'algues en glissait mieux entre les doigts. Quelques-uns la saisissaient d'une étreinte si rude qu'ils la croyaient liée à leurs poings, mais une secousse imprévue déjouait leur prise. Et la vie se passait à ces mortelles alternatives.

Beaucoup, au lieu de l'attendre derrière leurs comptoirs, la poursuivaient sur les mers mêmes. Les uns montaient des voiliers rapides, les autres des barques pansues qui ne quittaient guère la vue des côtes; certains partaient sur de grands navires qui s'enfonçaient à l'horizon dans la blancheur de leurs voiles et l'argent de leur sillage. Vieillis de soleils et d'années, ils revenaient pour repartir encore. Errante ou sédentaire, la mort fermait le compas ou le livre, interrompait le voyage ou la spéculation, ouvrait une tombe marine ou terrestre que recouvrait l'herbe ou le flot. Il y avait parfois un comptoir désert de celui qui s'y était assis durant des années. Un peu de cendre et un peu d'or équilibraient les hautes balances immobiles en leurs contrepoids égaux. Alors le port se pavoisait. Les pavillons en berne et les vergues en pantenne saluaient le disparu, et chacun reprenait son travail, son souci ou son destin.

Quelques-uns, pourtant, l'interrompaient, fermaient leurs registres et leurs guichets, quittaient le porte-voix et le sextant pour chercher le repos et la paix.

Ils les trouvaient de l'autre côté de l'estuaire, dans la petite ville qui, en face de la grande cité, groupait ses maisons tranquilles où ils venaient attendre la vieillesse. De là, ils voyaient les vaisseaux monter vers la haute mer. La Côte Verte abritait ces demeures des vents du large. Un air plus doux favorisait les jardins et les fleurs. Les vies fatiguées y achevaient leurs forces et y épuisaient doucement leurs déclins.

Avant d'habiter à l'ombre de la Côte Verte, nos pères aussi avaient parcouru bien des contrées et toutes les mers. Le père d'Anselme était un homme de haute taille, moins vieux que vieilli. Ses longs travaux, les soins de l'orientation et de l'arrimage, le souci des traversées, tous les détails d'un métier minutieux ne l'avaient jamais empêché de rester attentif aux pays qu'il visitait et d'être sensible à leurs aspects. Des villes inconnues, des animaux singuliers, des plantes bizarres dessinaient dans sa mémoire de nettes images et il avait rapporté de ses courses maint objet curieux. Ses goûts le préservèrent de la routine du métier. Il garda une activité d'esprit qui le distinguait de ses compagnons de retraite. La plupart, en effet, s'étaient bornés à ce qu'exigeait d'eux le strict soin de leurs affaires et vivaient maintenant de l'heure présente sans mêler à leur repos autre chose que les pensées quotidiennes d'une existence uniforme. Sa mémoire au contraire était riche de couleurs, de formes, de sons. Des idiomes étranges vibraient encore à ses oreilles, des parfums invisibles montaient encore à ses narines. Aux fleurs ordinaires de son jardin s'en mêlaient d'autres, nées de graines étrangères qu'il y avait semées.

C'est sur ce jardin que donnaient,

dans la maison d'Anselme, les fenêtres presque toujours closes d'un grand salon qui occupait une partie du rez-de-chaussée. Quand on les ouvrait, des stores bigarrés empêchaient de voir à l'intérieur. Ce lieu était rempli d'objets bizarres. Le père d'Anselme y gardait des coquillages, des magots et des fétiches, des instruments de guerre et de musique, des herbiers filamenteux. Sous des vitrines, des papillons étalaient leurs ailes coloriées. On y sentait une odeur indéfinissable qui se mélangeait à du silence. A certains jours, la vieille Virginie entrait là. Par la porte entr'ouverte on l'apercevait, noire et brillante, aller et venir comme un démon familier, s'arrêtant parfois d'épousseter, pour effleurer de son doigt les cordes d'une sorte de guitare baroque, ou pour approcher de son oreille une conque nacrée. Sa figure exprimait une joie mystérieuse. Un esprit lui parlait sans doute avec la voix des mers natales.

C'est dans ce salon que nos pères se réunissaient souvent. L'été ils y passaient l'après-midi. On les entendait causer à travers les stores baissés. C'est là aussi que nous voyions entrer le vieux M. de Fonteclause, boitant sa goutte et s'appuyant sur sa canne. Il habitait un fort beau château des environs. Son large carrosse à ressorts traversait avec peine les rues étroites de la petite ville au pas de ses chevaux pommelés. L'intérieur était parfumé à l'ambre et tendu de satin rouge, et il fallait aider M. de Fonteclause à y remonter, car ses grosses jambes faibles escaladaient avec peine le marche-pied. Il les étalait devant lui, gonflées et à l'aise sur un coussin cramoisi. Ce singulier visiteur nous intéressait vivement. Le père d'Anselme l'aimait beaucoup. Hors cette amitié il vivait fort solitaire. Presque chaque jour il se promenait sur la Côte Verte. Nous le regardions passer sur la falaise et dans la prairie, sans qu'il prît garde à nous, qui évitions de troubler sa promenade.

Je n'allais pas tous les jours rejoindre seul Anselme sur la Côte Verte et quelquefois mes sœurs m'y accompagnaient. Je les revois, petites et blondes, grimpant la rude pente ensoleillée, avec le vieux François, qui les prenait chacune sur un bras et les montait toutes deux. Mais Lucie grandit la première. Nous courions en avant et nous nous retournions pour voir Juliette assise sur la large épaule du matelot et tirant l'annelet d'or qu'il portait à l'oreille. Lucie et Juliette emmenaient souvent avec elles une de leurs petites amies qui s'appelait Coryse.

C'était une enfant brune du même âge que mes sœurs. Elle venait chaque année passer l'été au bord de la mer. Elle arrivait toute maigrie et toute pâle de l'hiver; son visage fin et sérieux songeait. L'air fluvial aiguisé d'une fraîcheur marine la transformait. Ses gestes devenaient plus vifs ; ses yeux s'animaient. Le lait des fermes, les fruits des vergers la fortifiaient. La mer la flattait de sa caresse saline, et, chaque automne, elle repartait grandie et vivifiée. On n'entendait plus parler d'elle.

Nous attendions avec impatience la saison de son retour. Anselme aimait beaucoup Coryse et la préférait à Juliette et à Lucie. Elle revenait pour l'époque des fruits, du soleil et des bains.

Il fallait suivre assez loin la falaise pour arriver à l'endroit où elle faisait face à la mer. La marée basse découvrait une petite grève de sable doux où l'on descendait par un sentier en lacet. La plage craquait de coquilles luisantes. Un angle de rocher y dessinait une ombre aiguë.

La roche était excavée de grottes. L'eau en les abandonnant les laisait humides et fraîches. De temps à autre une gouttelette tombait du haut de la voûte. Nous tendions la main pour la recevoir, juste au milieu de la paume, où elle se brisait en une petite étoile d'un cristal scintillant. Pendant que nous la guettions ainsi, il en filtrait d'imprévues qui nous atteignaient à la joue ou nous glissaient dans le cou. Virginie déshabillait les filles. François nous revêtait de nos maillots.

Nous nous retrouvions sur la plage et nous courions vers la mer. Elle se retirait assez loin. L'empreinte de nos pas nus suintait au sable mouillé. Le flot venait à nous. La vague cerclait nos chevilles de son bracelet fluide. Une autre lame nous inondait. Elles se succédaient lentement en leur ondulation puissante et douce qui finissait par nous submerger. Nos lèvres salées riaient d'aise; des poussées subites et sournoises nous roulaient mollement. Comme nous avons cueilli de beaux bouquets d'écumes! Nous avons dansé dans la mer. Nous formions en nous tenant par les mains une ronde qui tournait en riant. Lucie et Juliette chantaient, Coryse, silencieuse et les yeux mi-clos, un sourire vague aux lèvres, se laissait aller à notre joie. Au froid de l'eau, sa petite figure enfantine se ciselait plus finement et une singulière beauté visitait son visage frileux, puis le bain fini, au soleil où elle séchait ses cheveux trempés, sa figure reprenait son charme indécis où je ne sais quoi était apparu, un instant, d'étrange, de profond et de furtif.

Nous grandîmes. Lucie et Juliette devenaient charmantes, Anselme n'était presque plus un enfant. Un penchant à la solitude et à la rêverie naissait en lui. Souvent, quand j'allais le voir, je ne le trouvais ni au jardin, ni dans sa chambre. Je montais alors aux combles de la maison. Une sorte de lanterne vitrée s'y élevait. De là on voyait loin. Il se tenait assis, la tête dans ses mains, ou debout, le front à la vitre. Il regardait les ondes grises du fleuve se mêler aux eaux vertes de la mer. La lanterne bourdonnait au vent; des grains de sable grinçaient sur le parquet, grains blancs, grains salés, farine impalpable du pain de la mélancolie. Il y eut alors sans doute dans sa jeune tête beaucoup de pensées. L'enfance qui finit est effleurée d'ailes invisibles. Parfois une mouette ou un goëland tournoyait autour de la lanterne de verre. On n'entendait pas leur vol, mais leurs becs frappaient le cristal sonore. Nous descendions par le petit escalier tournant. Le jardin nous plaisait aux heures incertaines du crépuscule. La lune d'été se levait au ciel. Elle était molle, jaune et trouble.

Nous aimions, quand elle était haute, scintillante et claire, aller la voir, pendant ces belles soirées tièdes, argenter la Côte Verte. Nous y montions, Coryse,

Juliette, Lucie, Anselme et moi. L'ombre restait transparente. François et Virginie nous accompagnaient. Tantôt la lune était sur la mer. Nous la suivions au bord de la falaise ou bien, pour la voir à travers les arbres, nous entrions dans l'herbe haute de la prairie, en nous tenant par la main, comme dans un flot parfumé. L'odeur de l'herbe foulée par nos rondes était exquise. Nous ressentions une grande joie nocturne, une sorte d'ivresse vaporeuse et blanche.

La saison s'avançait ; un soir, le dernier que nous y allâmes, une lune froide luisait dans un air glacé ; nous nous sentions transis par un vent aigre. Le bois de pins tressaillait. Nous avons ouvert la porte de la vieille chapelle ; un rayon argenté y pénétra avec nous et se mêla à la lumière de lune qui déjà, par les vitres des fenêtres, emplissait la blanche nef givrée. Les petits vaisseaux suspendus à la voûte semblaient pris en des glaces lumineuses, et nous les regardions d'en bas immobiles, gelés en leur hivernage aérien.

L'automne qui vint fut singulier par ses alternatives de froid précoce et de tiédeur attardée. Il nous troubla. Pressentions-nous que Coryse partie ne reviendrait pas? Quoi qu'il en fût, nous lui montrions des prévenances particulières, une sorte de complaisance amicale. Notre attentive délicatesse lui soumettait nos volontés. Elle les réglait à sa guise. Lucie et Juliette l'embrassaient plus tendrement. Moi-même, je cédais à ses moindres désirs. Anselme, silencieux, les prévenait. Il lui donna trois cailloux blancs, veinés de pourpre et parfaitement polis qu'il avait trouvés sur le sable de la plage des bains et auxquels il tenait beaucoup. La Côte Verte se dora ; des feuilles jaunies s'envolaient dans la mer. Ce furent les derniers beaux jours.

Nous savions que Coryse devait partir le lendemain. On avait goûté chez Anselme de pâtisseries fines et de laitage. Juliette, Lucie et Coryse avaient encore les lèvres toutes blanches de crème et de sucre. Après goûter, nous sortîmes dans le jardin.

Il y faisait presque chaud. C'était comme un retour furtif de l'été. Un doux soleil brillait à travers la pureté d'un ciel clair. Le jardin sentait bon. L'escarpolette tendue entre deux arbres nous balançait. Anselme y monta le premier. Il s'y tenait avec beaucoup d'adresse et s'élevait très haut. A chaque poussée, il semblait vouloir atteindre quelque chose d'invisible et d'aérien, et quand il descendit il avait les yeux pleins de larmes. Coryse fit semblant de ne pas s'en apercevoir; elle jouait avec ses cailloux blancs et les passait d'une main dans l'autre. Un d'eux tomba à terre. Nous étions tristes. Demain, Coryse ne serait plus là. Juliette et Lucie se mirent à cueillir des fleurs et s'assirent pour les lui tresser.

J'errai longtemps dans le jardin. Le

hasard des allées me ramena vers la maison. La porte du salon était ouverte; j'entrai. Il y faisait tiède et sombre à travers les stores bigarrés. En passant, je heurtai la grande table qui occupait le milieu de la pièce. C'était un présent de M. de Fonteclause au père d'Anselme. Ils y accoudaient leurs causeries. Les dessins du marbre multicolore représentaient un planisphère. Les mers bleues entouraient les continents rouges, blancs, noirs et jaunes. L'odeur poivrée des bois exotiques se mêlait au parfum sec des herbiers. Je m'étendis sur un divan dans l'ombre et je fermai les yeux.

Quand je les rouvris, Coryse et Anselme étaient appuyés côte à côte sur la table de marbre, sans me voir. Leurs doigts suivaient les contours de la carte de mosaïque. L'ongle fin de Coryse grinçait sur la pierre polie. Elle tourna son visage, et ses lèvres touchèrent la joue d'Anselme...

Les fleurs que Lucie et Juliette tressèrent à Coryse n'ont pas refleuri pour elle; les cailloux blancs qu'Anselme lui donna manquèrent à leur promesse de bonheur. Coryse ne revint plus à la Côte Verte. Je crois qu'Anselme est parti pour la chercher. Je l'ai conduit au navire qui devait emporter sur les mers sa jeunesse inquiète et taciturne. Les années passent; il ne revient pas non plus. Il la cherche encore et peut-être la trouvera-t-il un jour au rendez-vous mystérieux qu'elle lui marquait jadis, du doigt, sur la carte de mosaïque ?

ACHEVÉ D'IMPRIMER

le dix février mil huit cent quatre-vingt-dix-neuf

PAR

BLAIS ET ROY

A POITIERS

pour le

MERCVRE

DE

FRANCE

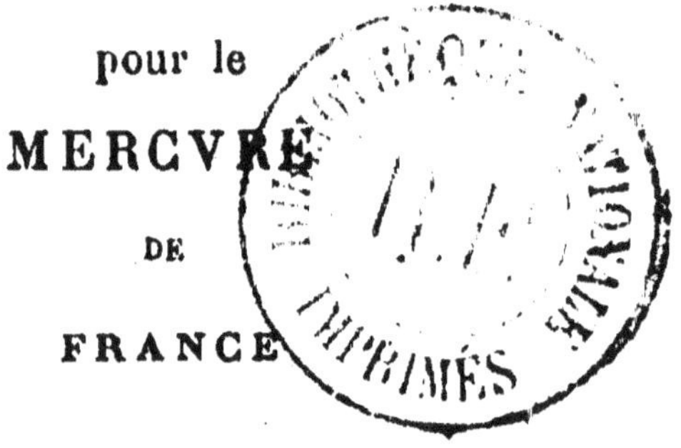

www.ingramcontent.com/pod-product-compliance
Lightning Source LLC
Chambersburg PA
CBHW070603100426
42744CB00006B/391